日本近代社会史

A Social History of Modern Japan:
Social Groups and a Market Economy
1868-1914

社会集団と市場から読み解く

1868-1914

松沢裕作

有斐閣

目　次

●図表一覧

＊参照した先行研究は、本文中に著者名と刊行年で表示した。
＊言及・引用した史料は、章ごとに注を付して表示した。
＊史料の出典は、入手しやすい近年の刊本を優先した。
＊史料の引用に際しては、読みやすさのために句読点などを補った箇所がある。
＊図表類の出典は、先行研究の数値をそのまま用いたものは著者名と刊行年で表示した。先行研究の数値をもとに作図した場合には「……より作成」と表示した。先行研究をもとに、その出典の数値によって作図し直した場合には、先行研究と原出典の資料名を記した。
＊各章末の参照文献のうち「もう少し勉強したい人のために」は、その章の主題に関連する文献のうち、なるべく一般読者を想定して書かれた書籍を選んだが、そうした書籍がない場合は専門書・論文を選んだ場合もある。

イラスト　オカダケイコ

序章　社会史とは何か？　日本の近代とは何か？

一　社会史とは

●「〇〇史」と社会史

「〇〇史」という歴史研究の分野は、この世の中に数多く存在する。例えば、政治現象を対象とすれば政治史、経済現象を対象とすれば経済史、思想を対象とすれば思想史、美術を対象とすれば美術史、といった具合である。それらをひっくるめて、過去を対象とする学問をすべて「歴史学」と呼ぶことにすれば、「経済史」「政治史」などの「〇〇史」はすべて歴史学という分野に含まれる下位分野ということになる。日本の大学では、歴史学という学問は文学部の中に置かれることが多い。

一方、政治現象については政治学、経済現象については経済学といったように、それぞれの分野にはそれぞれの専門的な学問が存在し、そうした学問の一部としても歴史研究は行われる。「経済史」

は歴史学の下位分野なのか、それとも経済学の下位分野なのか、文学部で行われる経済現象の歴史の研究と、経済学部で行われる経済現象の歴史の研究は違うのか、といった問いが生じる。

しかし、「社会史」はそれらの「〇〇史」とは趣が違う。経済現象にせよ政治現象にせよ、「社会」の中で起きる現象であることに違いはないからである。

●「残余の歴史」と「全体史」

一般的に、ある研究が社会史と分類されるときには二つ（より正確に言えば、二重の）意味がある。

第一の意味は、政治史や経済史といったメジャーな分野史が扱わない、残りの部分の歴史を扱う歴史学という意味である。いわば、残りものの歴史、「残余の歴史」である［バーク 二〇〇九］。例えば、食事の歴史、衣類の歴史、あるいは出産や育児の歴史、といったものは、直接、政治史や経済史といった、歴史学の「メジャーどころ」で扱われることはない。このような対象を扱った歴史研究は、一般的には「社会史」と呼ばれる。

しかし、それでは、社会史とは、単に他の分野で扱わないテーマを、落穂ひろいのように研究する学問にすぎないのだろうか。

衣類の歴史について考えてみよう。経済史研究において重要なテーマとされるものに、繊維産業の歴史がある。例えば、産業革命で綿紡績業が重要な位置を占めることなどはよく知られているだろう。しかし、紡績業が製造する綿の糸、さらにはそれらの糸を原料とする織物業の製品は、最終的にはどこへゆくかといえば、衣類やらカーテンやらに加工されて、消費者によって使用される。ある時代に暮らす人々が、どのような衣類を着ており、またどのような衣類を好んだかといったテーマは、このように経済史研究の重要テーマと密接に関連している。同様に、食事の歴史は農業生産のあり方に、出産や育児の歴史は人口動態に影響する。

ここから、社会史とは、政治、経済、思想といった分野ごとに分けられた歴史研究の垣根を越え、メジャーな分野史では注目されてこなかった現象も含めて、歴史の全体像の再構成をめざす学問であるという、社会史の第二の意味が生まれてくる。

社会史研究を代表する潮流が、フランスの**アナール学派**〔竹岡・川北 一九九五〕である。「アナール」とは、フランス語で「年報」という意味で、一九二九年、ストラスブール大学の教授であったマルク・ブロックとリュシアン・フェーヴルが発刊した『社会経済史年報』という雑誌に由来する。雑誌の名称は何度も変更されるが、『年報』は現在まで刊行が続けられている。リュシアン・フェーヴルは、「存在するのは歴史そのもの、統一性を持った歴史です。歴史はもともと社会史なのです」〔フェーヴル 一九九五：四一〕という言葉を残している。

ただし、「社会史」という言葉が、主として何を意味するのかは、各国の歴史学のあり方に応じてさまざまである〔竹岡・川北 一九九五〕。日本の場合「社会史」という言葉が定着するきっかけとなったのは、一九七〇年代後半から八〇年代の中世史研究分野での新しい研究動向であった。広く読まれた網野善彦『無縁・公界・楽』〔網野 一九九六〕や、笠松宏至『徳政令』〔笠松 一九八三〕に代表されるこの研究動向は、中世を生きた人々の意識や習慣に目を向ける指向をもっていた。先に述べたフランスのアナール学派の研究の中では、ある時代を生きた人間の「心性（マンタリテ）」が、現代の私たちとは全く違うことが注目されたが、その点での類似性もあり、これらの研究潮流は日本で「社会史」と呼ばれるようになった。しかし、網野らが、自ら「社会史」を称したわけではなく、むしろ他の研究者が、ある共通の指向をもった研究群を「社会史」と呼ぶようになったというのが実情に近い［山本 二〇一六］。日本近現代史分野では、「近代」という時代を批判的にとらえようとする一九八〇年代以降の研究潮流を「社会史」と呼ぶこともある［成田 二〇一二］が、それらは「民衆史」などと呼ばれることも少なくない。

二　日本近代とは何か――時期区分と空間

●「日本」の範囲と属領・植民地

本書の内容を説明する前に、まず本書が表題に掲げる「日本」とは何であり、「近代」とは何かということを述べておく必要があるだろう。

現在の「日本」の範囲は、おおよそ、日本国憲法が施行され、日本政府の統治下にある日本列島の諸部分を指すものと考えてよいだろう。しかし、明治維新の時点で、この範囲が「日本」であることは自明ではなかった。国境線で囲まれた一定の空間を「日本」として定めてゆくこと自体が、この本で扱う時代に起こった出来事であるし、その線もまたこの本で扱う時期を通じて変化した。加えて重要なことは、「日本の領土」として囲い込まれた範囲内には、人々の結び付きのあり方が全く異なる複数の地域が含まれており、それら複数の地域が支配と従属の関係で結び付けられていたことである〔塩出 二〇一四〕。

明治維新の時点で、本州の北に浮かぶ島はいまだ「北海道」とは呼ばれておらず、琉球諸島も「沖縄県」ではなかった。小笠原諸島が日本の領土であることもはっきりしていなかった。

のちに北海道と呼ばれることになる地域は、江戸時代には「蝦夷地」と呼ばれ、長く松前藩が支配してきた。厳密に言えば、北海道地域は、本州からの移住民が定住地を築いていた渡島《おしま》半島の「和人地」と、それ以外の「蝦夷地」に分かれていた。「蝦夷地」に居住するのは狩猟・漁撈《ぎょろう》を主とする先住民アイヌであり、松前藩は対アイヌ交易や漁業経営を和人商人に委ね、和人商人から上納金（運上）をとることで、その財政を維持してきた。近世後期に、北方で対ロシア関係が緊張すると、二度にわたり、松前藩にかわって幕府の直轄支配のもとに置かれ、二度目の幕府直轄期に江戸幕府の崩壊を迎えた。

新政府は、一八六九（明治二）年、この地を「北海道」と名づけ、開拓使を設置し、近代国家の領土として国境線の枠内に囲い込んだ。しかし、開拓使の長官は府県の地方官と異なる強い権限をもち、中央政府の法令は一部しか適用されなかった。一八八二年に開拓使は廃止され、函館、札幌、根室の三県が設置されるが、八六年に三県は廃止され、北海道庁が設置された。北海道庁もまた、一般府県庁と異なる法的扱いを受けた。大日本帝国憲法公布（一八八九年）時にも、北海道には衆議院議員選挙法は適用されなかった。

その後、一八九〇（明治二三）年前後以降、日本本土からの移民が急増し、漁撈・狩猟の場が入植地となることによって、アイヌの生活基盤は大きく揺らぐ。本土出身者の増加を背景に、一九〇三年、衆議院議員選挙法が北海道にも施行されることになる。

一方、琉球諸島には琉球王国が存在していた。琉球王国は、一七世紀以降、薩摩藩の支配を受けると同時に、清に朝貢する一つの王国でもあった。明治維新後の新政府は、一八七二（明治五）年に琉球国王を、一方的に「琉球藩王」に冊封し、清との関係を切断しようとした。さらに一八七九年には日本政府は琉球王国を併合し、沖縄県を設置した。北海道と異なり、もともと独立国であった琉球諸島には、併合を明確化するために県が置かれる必要があった。

かつての琉球王府の権限は沖縄県庁が引き継ぐ一方で、琉球士族の家禄・役禄を保障し、旧来の地方制度であった間切《まぎり》・島・町村の役人に従来通りの勤務を命じた（「旧慣統治」）。この背景には、清が依然として琉球王国の日本併合を認めていないという国際情勢があった。琉球士族の中に清と結び付く政治的動向があることを警戒した日本政府は、統治の動揺を避ける選択をとったのである。そして、沖縄県には、北海道と同じく衆議院議員選挙法は施行されなかった。

転機となったのは日清戦争（一八九四〜九五〈明治二七〜二八〉年）である。日清戦争後、清が沖縄の日本領土化を事実上容認したことによって、旧慣統治政策は転換され、地方制度の再編や、地租改正に相当する土地整理事業が進められた。衆議院議員選挙法の沖縄県施行は一九一二（明治四五）年（宮古・八重山では一九一九〈大正八〉年）である。

最後に、小笠原諸島には、一八二〇年代から欧米の捕鯨船が寄港し、欧米・ハワイなど出身の移民が居住していた。幕末に江戸幕府が一度支配を試みるも途絶し、新政府成立後の一八七三（明治六）年に、日本領土化の試みが再開される。七六年、日本政府は小笠原諸島の領有を各国に通知し、八二年までに欧米系の住民を日本の戸籍に組み入れた。

領有後の小笠原諸島には内務省小笠原出張所が設置された。小笠原もまた一般府県には所属しなかったのである。一八八〇（明治一三）年に東京府の管轄となるが、一般の地方制度は施行されず、大日本帝国憲法の公布時にやはり衆議院議員選挙法の適用対象とはならなかった。八丈島などから日本系移民の入植も増加するが、大日本帝国憲法のもとで衆議院議員選挙法が適用されることはついになかった。

このように、北海道・沖縄・小笠原は、日本政府から日本本土と異なる法的扱いを受けており、それぞれ、領土編入以前からの住民と、編入以後の移住者（統治のための官員を含む）が、日本本土とは異なる関係を取り結んでいた。加えて、日清戦争後には台湾、日露戦争後には南樺太、さらには朝鮮半島が日本の版図に組み込まれるが、これらの地域に住む人々の関係のあり方（日本本土からの移住者を含む）が、日本本土と異なっていたことは言うまでもない。

このように異なった性格をもつ社会を同じ枠組みに括《くく》って論じることはできない。そこで、本書では、江戸時代（日本近世）に、幕藩制に基づく支配が成立していた地域、つまり東北地方から九州地方にかけての地域を対象に、日本近世という共通の歴史的背景をもつ社会を対象として「日本社会史」を描いてゆきたい。

●「近代」と「現代」

次に「近代」という時間の幅について述べておこう。本書では、一九世紀後半から、およそ第一次世界大戦の開戦（一九一四年）までの、いわゆる明治維新から半世紀ほどの時期を「近代日本」として取り扱う。

日本における「近代」とは何を意味するかについて、研究者の間に定まった見解はない。マルクス主義的方法をとる歴史研究では、「近代」とは、**資本主義**的生産が行われる時期と同一視されていた［マルクス 一九五六］。そうした理解のもとでは、その程度と質をどのように考えるかについてはいろいろな考えがあるにしても、明治維新を起点として、日本でも資本主義化が進んだことについては大まかな研究者の一致があった。また、同様にマルクス主義の影響を受けた歴史研究では、「政治的国家と市民社会（ブルジョア社会）の分離」、やや雑に言えば「公私の分離」が、近代社会成立の指標とされることもあった［マルクス 一九七四］。資本主義的生産の全面化という指標と、公私の分離という指標は相互に関係しており、政治権力から独立した市場経済の領域が、資本主義的生産のもつ大きな力によって、社会を動かすようになった時期を、「近代」と呼ぶわけである。

次節で述べるように、本書も基本的に、政治権力と人々の生活が、それぞれ「公」と「私」に区別され、その条件のもとで資本主義的な関係が人々の生き方を左右するようになった時代という認識から、明治維新以降の社会を「近代」として理解する。現在の日本列島上の社会も資本主義社会であることは間違いないので、明治維新から現在までを「近代」として一括《くく》りにすることも可能である。

一方、「近代」と「現代」を区別することも、日本史研究の中で広く行われてきた。広く受け入れられているものとしては、アジア・太平洋戦争の敗戦と占領によって、法のあり方が大きく変わる一九四五（昭和二〇）年以降の、いわゆる「戦後」を「現代」とみる考え方があるだろう。

第一次世界大戦と第二次世界大戦の間、いわゆる「戦間期」の一九二〇年代～三〇年代に一つの画期をみて、それ以降を「現代」とみる見方も有力である。マルクス主義的な立場からは、資本主義もいくつかの発展段階（「帝国主義段階」「国家独占資本主義段階」など）を経由すると考え、ある時期以降を「現代資本主義」と理解することもあった［橋本 一九八四、三和 二〇〇三］。この場合、「現代」は、「近代」という枠組みの中で、現在につながる一時代を指していることになるだろう。さらに、社会集団のあり方の変化［東條 二〇〇五］や、消費に対する人々の意識の変化［満薗 二〇一四］から、戦間期以降を「現代」、あるいはそれ以前とは異なる時代とみる考え方も提示されている。

本書でも、第一次世界大戦と、それにともなう大戦景気は、人々の労働・生活のパターンを大きく変えたと考える。より長い時期を「近代」とみる見方を否定するわけではないが、さしあたり、「近代」を明治維新から第一次大戦までの狭い時期に絞ったうえで、その時代の特徴を考えてみたい。

三　日本近代の見取り図

本書は、先に述べた、「日本近代」という空間・時間の枠の中で、人々が織りなした歴史の、あるまとまった像を提示しようという試みである。その際、次の二つを軸として、歴史的事象を整序して叙述する。

●二つの軸――社会集団と市場

第一の軸は、**社会集団**である。人間は個々人ばらばらに存在しているわけではなく、つながりの中で生きている。そして、ある人とある人のつながりには濃い・薄いがあり、つながりが濃い場合、それは集団として把握できるようになる。もちろん、一人の人間が複数の集団に属することは稀《まれ》ではない。例えば大学生は、大学に所属する以外にバイト先の職場の集団の一員であったり、家族の一員であったり、サークルの一員であったりするかもしれない。すべての集団を数え上げることはできない。しかし、社会全体を見渡した場合、非常に重要な役割を果たしている集団とそうでない集団を区別することはできる。例えば、現代の日本社会では、大学の学生という集団に一定の期間所属しなければ「大学卒業」という学歴を手に入れることはできない。一方、サークルに所属していなくても大学を卒業することはできる。

また、現在の私たちの生活は大きく市場に依存している。身の回りのものを見回してみれば、ほとんどがお金を払って買ったもの（あるいは誰かに買ってもらったもの）だろう。こうした社会で生きていくためには、何かを売って何かを買うというサイクルに組み込まれざるをえないのだが、現在最もありふれた「売り物」は自分の労働力である。つまり一定時間働いて対価として賃金を得るのが、何かを買うためにお金を稼ぐ一般的な方法である。その場合、何らかの給料をもらって生活を成り立たせてゆきたいのであれば、給料を支払ってくれる企業に（派遣社員でもバイトでもなんでも）何らかのかたちで所属しなければ生きていくことができない。このように「企業」という集団は現在の日本で相当程度重要な社会集団とみなすことができる。

第二の軸は、**市場**（マーケット）との関係を考えるという点である。それぞれの社会集団をつなぐものとして、各社会集団が、どのようなかたちで市場とかかわっているかに注目する。

社会集団には緩やかであれ、厳しいものであれ、何らかのメンバーの境界がある。一方、市場には、原理的には切れ目がない。人が売ったり買ったりする連鎖というのは、どこまでも続いてゆく。もちろん実際には、かなりの程度国境で区切られていたり、いわゆる「市場が統合されていない」状況、例えば労働市場でも大卒者の労働市場と高卒者の労働市場は別のマーケットとして動いているというようなことはあるにしても、多かれ少なかれ、（労働力を含む）モノを売ったり買ったりすることで成り立つ社会では、市場でのモノの取引は、社会集団を超えて社会集団を結び付ける役割を果たす。そこで、本書では、それぞれの社会集団が、市場とどのようにかかわっているかをみることで、各社会集団の相互関係を考え、社会の全体像を描いてみたい。

「近代」を、実際に本書が扱っている時期のように狭くとらえるにしても、あるいは一九四五（昭和二〇）年や高度経済成長期、あるいは二一世紀前半の現在までをも含む長い時代としてとらえるにしても、本書で描き出す社会集団と市場の関係は、いわば、その後の日本社会の「初期設定」となったものだといえるだろう。たしかに、明治維新から現在までの間に、市場のあり方や社会集団のあり方は大きく変化している。しかし、その後の時期においても市場というものが人々を結び付ける役割を失ったことはないし、また市場の外にある人々の結び付きのあり方、すなわち社会集団のあり方が、市場とのかかわりの中で形づくられることは変わらなかった。その後の日本社会のあり方は、この時期に形成された仕組みをもとにしているのである。

以上の軸に沿って、あらかじめ、本書で描き出す明治期日本社会の構造を示せば、図序-1のように整理できる。この図は、さまざまな社会集団が、市場を軸として結び付く様を描いた、社会集団の相互関係を示している。

細い実線で囲まれているのが、「家」経営体、つまり、主として家族労働で営まれる農家や、商店、「〇〇屋さん」の類である。これに対して、点線で囲っているのが社会集団である。それぞれについては各章での説明に譲るが、この時代に生きるかなりの人々は、「会社や工場に通勤して給料をもらう」という生活をしていたわけではなく、「家」経営体で仕事をして生計を立てていたということに注意してほしい。

しかし、それは決して自給自足の生活ではない。どのセクターも、市場と関連をもっており、生産

図 序-1　日本近代社会の見取り図

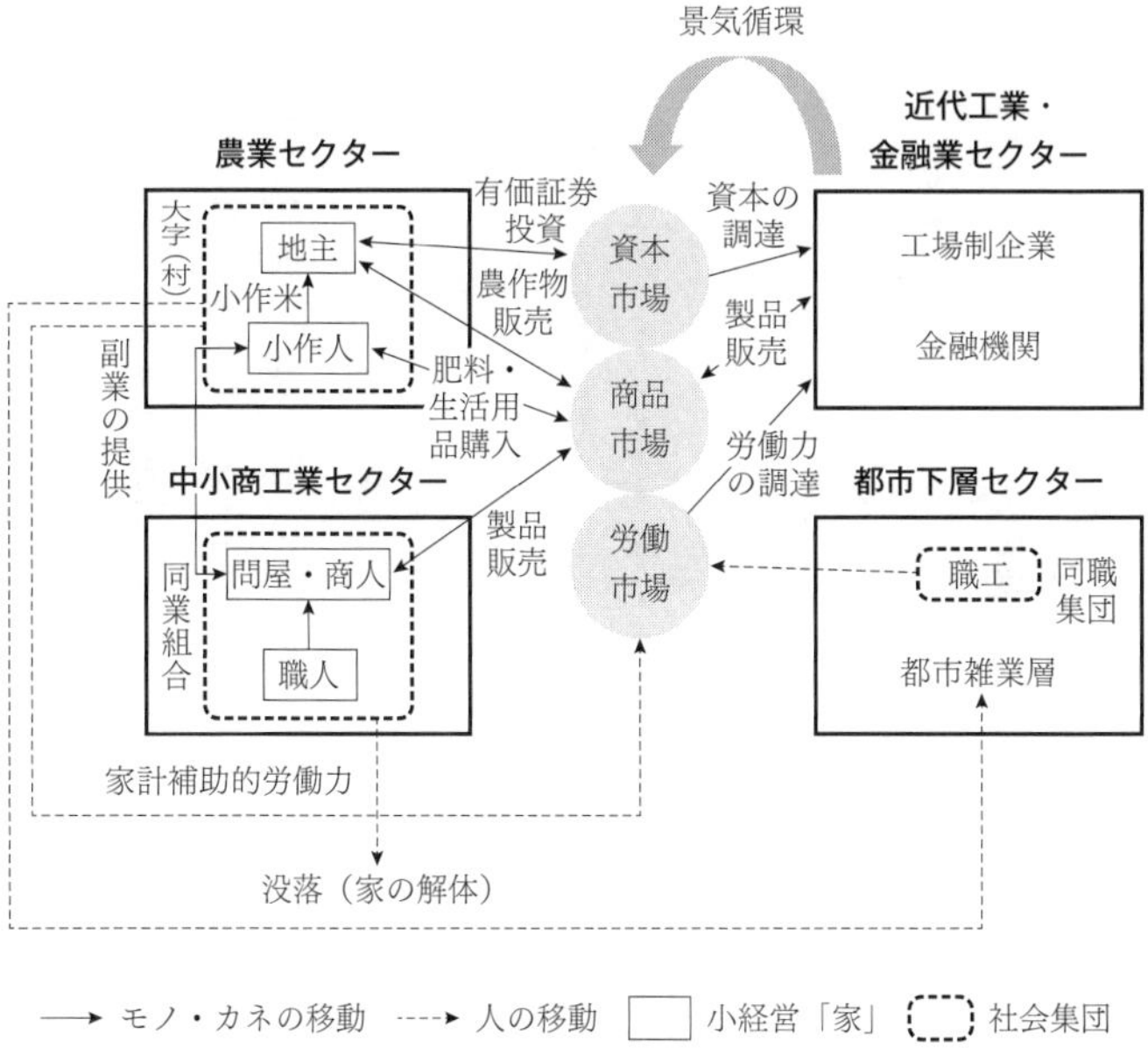

物を売ったり、生産に必要な財を購入したりしている。そして、市場の動きを決める影響力は右上の近代工業・金融業セクターがもっている。その意味で、一九世紀後半から二〇世紀初頭の日本は、全体としてみれば、資本主義社会であるということができる。

●本書の構成

本書では、第1章で、近代社会に先行する日本近世社会の構造をスケッチしたのち、第2章から第4章で、近世社会の仕組みが解体され、上の図で描いたような社会の仕組みが表れてくる過程を説明する。次いで、第5章で、この社会を結び付けている市場の動向を述べ、第6章では農業セクター（図の左上）、第7章では農業セクターと近代工業・金融業セクターの関係（図の左上と図の右上の関係）を扱い、第8章では中小商工業セクター（図の左下）、第9章・第10章では都市下層セクター（図の右下）とその生きる場としての都市について説明する。

第11章から第13章では、それぞれの社会集団を離れて、この見取り図全体の、いわば「上」に浮かんで、この図全体に影響を与えている要素について述べる。第11章と第12章では、こうした図の中から抜け出して「立身出世」をめざす人々と、そうした人々を生み出す前提としてのメディアについて述べ、第13章はこの図全体をコントロールする政治の仕組みについて述べる。

最後に、第14章でこの図のあり方そのものを変えようとした人々の運動について見たのちに、第15章で近代日本社会の行き詰まりがどのように発生したのかを述べる。そして終章で、それが第一次世界大戦の勃発《ぼっぱつ》によって、どのような方向に変化していったのかを展望する。

■もう少し勉強したい人のために

塩出浩之「北海道・沖縄・小笠原諸島と近代日本」『岩波講座日本歴史一五　近現代一』岩波書店、二〇一四年。

本書では扱っていない北海道・沖縄・小笠原諸島の歴史を、本土と属領の関係という視角から概観した論文。これらの諸地域の社会に関心をもつ読者にはこの論文の注に挙げられた文献が参考となろう。

竹岡敬温・川北稔編『社会史への途』有斐閣、一九九五年。

ヨーロッパ各国の社会史研究を国別・テーマ別に整理した概説書。フランス・イギリス・ドイツそれぞれで「社会史」が異なった文脈から浮上したことを知ることができる。

フェーヴル、リュシアン／長谷川輝夫訳『歴史のための闘い』平凡社ライブラリー、一九九五年。

アナール学派の創設者の一人、リュシアン・フェーヴルの歴史論を集めたもの。アナール学派の素志ともいうべき全体史への志向が雄弁に語られている。

□その他の参照文献

網野善彦『増補　無縁・公界・楽——日本中世の自由と平和』平凡社ライブラリー、一九九六年。

笠松宏至『徳政令——中世の法と慣習』岩波新書、一九八三年。

東條由紀彦『近代・労働・市民社会——近代日本の歴史認識Ｉ』ミネルヴァ書房、二〇〇五年。

成田龍一『近現代日本史と歴史学——書き替えられてきた過去』中公新書、二〇一二年。

バーク、ピーター／佐藤公彦訳『歴史学と社会理論　第二版』慶應義塾大学出版会、二〇〇九年。

橋本寿朗『大恐慌期の日本資本主義』東京大学出版会、一九八四年。

マルクス／武田隆夫ほか訳『経済学批判』岩波文庫、一九五六年。

マルクス／城塚登訳『ユダヤ人問題によせて・ヘーゲル法哲学批判序説』岩波文庫、一九七四年。

満薗勇『日本型大衆消費社会への胎動——戦前期日本の通信販売と月賦販売』東京大学出版会、二〇一四年。

三和良一『戦間期日本の経済政策史的研究』東京大学出版会、二〇〇三年。

山本幸司「社会史の成果と課題」『岩波講座日本歴史二二　歴史学の現在』岩波書店、二〇一六年。

第1章 近世社会の基本構造

▼領主・村・町

一 領主制

●主従関係の構造

日本近代社会を理解する前提として、江戸時代の社会（日本近世社会）が、どのような構造をしていたのかを理解する必要がある。まず、支配者である領主たち[1]のあり方をみてみよう。

図1-1は将軍を頂点とする主従関係で結ばれた幕府・藩の武士団の構成を示したものである。将軍の家臣のうち、領有する土地の石高が一万石以上のものを大名と呼ぶ。◎で示されているものである。大名は、それぞれ、一定の範囲の土地を領知として与えられている。通常「○○藩」と呼ばれる単位が領知の範囲である[2]。

大名にもそれぞれ家臣がいる。大名、特に比較的大きな外様・譜代大名の家臣の中には、大名の領知の中から、さらにその一部をその家臣の支配する土地（知行地）としてもらっている者がいる。これを**地方《じかた》知行《ちぎょう》**と呼ぶ。もう少し具体的に言えば、大名は、その大名の領知内の特定の場所（例えばX村とY村）をAに与え、その村が納める年貢はAの手元に入り、大名の手元には入ってこないということである。図中で「家中士知行地」と書かれているのが、その場所に当たる。「家中士知行地」の反対が、「蔵入地」であり、これは大名の直轄領を指す。直轄領から納められる年貢は直接大名の収入になる。一方、大名の家臣の中には、知行地をもたないで、大名から俸禄を支給される者がいる（原則として米で支給される）。こうした俸禄の財源は、蔵入地からの収入である。蔵入地からの収入から、家臣への俸禄を支払った残りが各大名の収入となる。

図 1-1　幕藩武士団の権力構成と所領

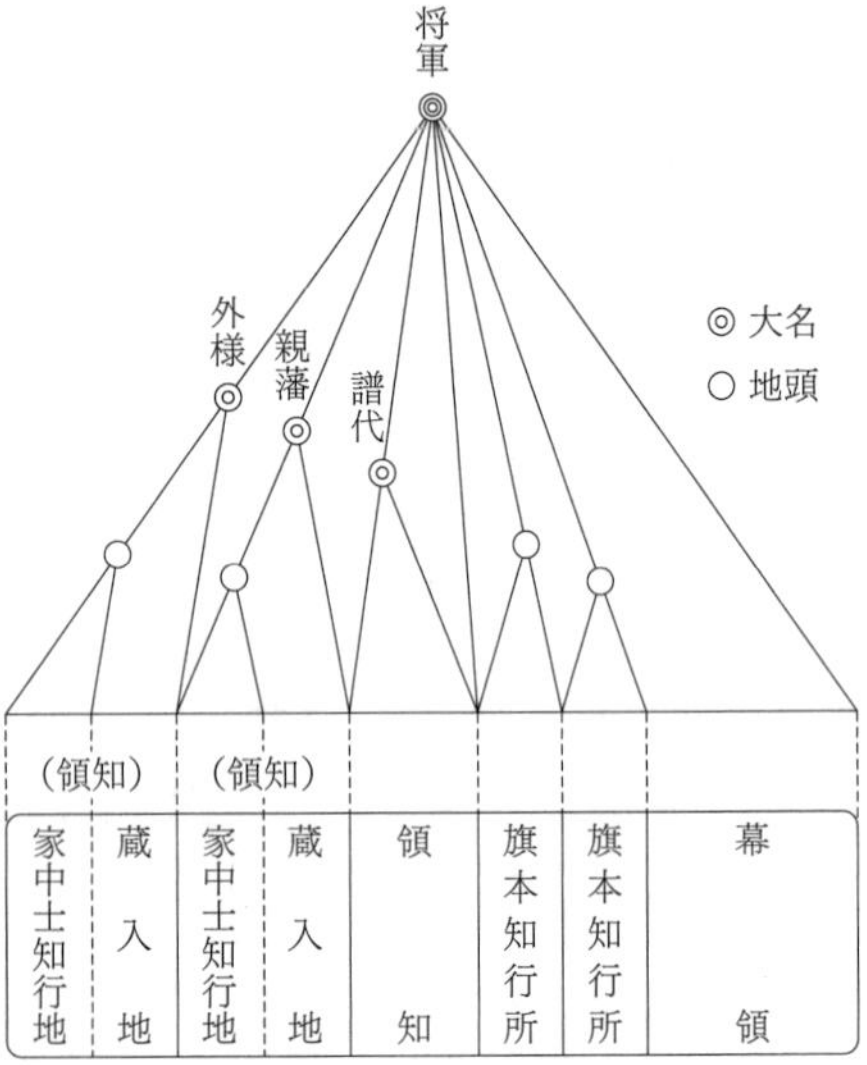

出典　［山口 2006: 94］。

こうした知行地と蔵入地の関係は、日本全体をみても似たような構造になっている。領主の頂点に立つのは、代々徳川家が世襲する将軍であるが、将軍の家臣のうち、大名だけでなく、一万石未満の家臣である旗本にもそれぞれ特定の範囲のまとまった地域が与えられる者がいる（旗本知行所）。一方で、全国各地に将軍の直轄地（幕領）[3]が存在し、そこからの収入は将軍の財源になる（各大名の領知〈藩領〉の年貢は大名の収入になるのであって、幕府の収入にはならない）。幕領の支配・年貢徴収のために、各地に派遣されるのが代官である。代官は幕府の役人であり、一部を除いて世襲制ではなく、数年で交代する。そして、幕府の家臣のうち支配する知行所をもたない者（旗本の一部と御家人）は、幕領から年貢として納められてきた米の一部を、俸禄として将軍から与えられる。幕府の旗本や、知行地をもつ大名の家臣は、その土地の「地頭」と呼ばれることもあった。

●軍事の重要性

さて、以上のように、近世の領主層は、主従関係のラインに沿って、主君が領地（領知・知行地）を分配するか、あるいは俸禄を支給することによって結び付けられていた。一方、家臣はこうした給付に対して、戦争が起こった場合に主君に軍事的に奉仕すること、つまり**軍役**を務める義務を負っていた。軍役の規模（どれだけの兵力を率いて主君の戦争に参加しなくてはならないか）は、与えられる領地や俸禄の大きさによって決められる。その基準として用いられるのが石高である。家臣が与えられる領地ないし俸禄は、そこからの収入によって戦時に動員できる軍事力を養うことが目的であったことに注意しよう。「武士」とは、本来、戦争に従事する軍事力の担い手なのである。軍事力の担い手が同時に政治的支配者である点に近世社会の特徴がある［高木 一九九〇］。

二 村

●村の姿

次に、こうした領主に支配される人々のうち、農村部の人々のあり方をみてみよう。

近世日本の農村における基本的単位は「村」である。村の規模は全国で大きな違いがあるが、単純に平均すれば耕地面積が五〇町（約五〇ha《ヘクタール》）前後、人口はおよそ四〇〇のものであり、今日の市町村よりもはるかに小さい。その総数は七万程度であった［渡辺 二〇一五］。村の構成員は、原則として「百姓」身分の者である。

図1-2は、一八七七（明治一〇）年の、信濃国諏訪郡高木村（現在は長野県諏訪市の一部）の絵図であり、江戸時代が終わった直後の村の姿をうかがうことができる。家が集まる集落、耕地（田畑）、そして山林が含まれており、はっきりした境界があることがわかる。

●村請制

近世の村は、その前身として、中世の後期・末期に形成された集落をもつ場合が多いが、単に人々が、農業生産や生活の必要から自発的に集まって生まれた集団がそのまま村になったわけではない。

制度としてみた場合、江戸時代の村は、近世初頭に、村切り・検地（村の境界設定と、その村の耕地面積・石高の決定）を経て、領主から「村」として認定された単位である。なぜ領主が一つひとつの村の石高を決定しなければならなかったのかと言えば、そこからとれる年貢の量を算定し、それを基準に自分の家臣に領地を分配する必要があったからである。

こうした村の設定の結果として、村は、連帯して領主に年貢を納める責任を負うことになった。これがいわゆる**村請制**《むらうけせい》であり、近世の村とは、まず何よりも、「村請制の単位」であったことに注意しなくてはならない。

村請制のもとでは、領主は各村に対して、その年の、村全体の年貢の明細と合計を記した「年貢割付状《ねんぐわりつけじょう》」を発行する。領主が年貢高を通知するのは、村宛の一通の割付状だけであり、その割付状を受け取った村が、村内でどのように年貢を集めて納入するかは、各村に任されている。ともあれ割り付けられた額が揃って納入されれば領主としては問題ない。

図 1–2　諏訪郡一村限絵図　高木村（1874 年）

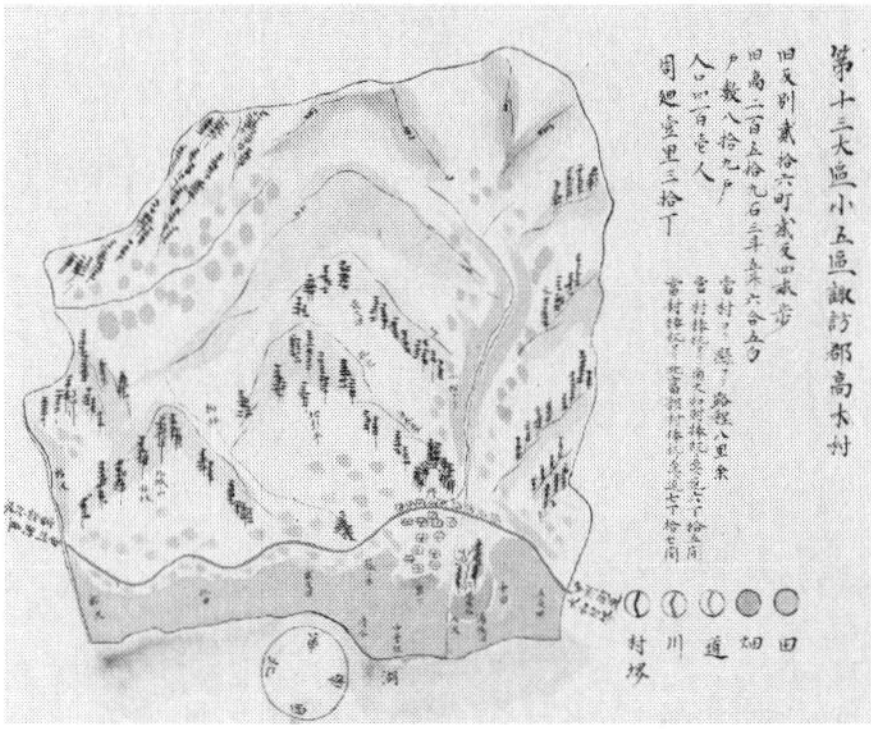

出典　長野県絵図・地図共同研究事業委員会編・発行『近代村絵図・地図の世界——明治の地図はどうつくられたか　長野県絵図・地図共同研究報告書』2017 年：付属 DVD（4/1/1–13）。

●村請制と山林・原野

村請制は、近世の村の基軸となる制度であり、村の他の仕組みにも影響を与える。例えば、村は、個別の農民の名前で検地帳に登録される耕地の他に、村共有の土地をもつことが多い。こうした村の土地共有もまた、村請制に影響されている。

例えば、村が共同でもつ土地の代表的な地種は山林である。山林は、一村単位、あるいは複数の村単位で利用され、一人一人の個人、あるいは一軒一軒の農家の名義で所有されるものになっていないことが多かった。近世の村人にとって山林が重要であったのは、材木や燃料材をとるためだけではなく、肥料の多くを、山林から採取する草に頼っていたからである。購入する肥料が一般化する以前、肥料をつくるためには、多かれ少なかれ村共有の採草地から採取した草が必要とされていた。

なぜ山林は各農家に分割されず、村で共有されるのか。これは、単に各農家が、互いに密接な関係を結んでいた、つまり人々の結び付きが強かったという要因だけによるものではない。領主は、村を設定する際、一定面積の耕地の村に、それに対応する一定面積の山林・原野を付属するものとして設定する政策をとっていた。領主からみれば、農業生産が安定的に営まれなければ、継続して年貢をとることができないから、農業生産に必要な肥料の原料を採取する場としての山林・原野を、あらかじめ設定しておいたわけである。そして、村請制のもとでは、年貢が賦課される単位は村であるから、山林・原野は村を単位に利用する権利が設定されることになる。つまり、山林・原野の村による共同利用という仕組みは、年貢賦課の単位が村であることによる側面があるのである［古島 一九七四］。

●村請制と質地請戻し慣行

また、耕地の売買にも制限が付されることがあった。例えば「無年季的質地請戻し慣行《むねんきてきしっちうけもどしかんこう》」と呼ばれるものがそれである。

耕地については、村の共有ではなく、一つ一つの土地が、一軒一軒の農家の主の名前で登録されている。一見すると、これは、一つの土地に一人の所有者がいる、という点で、現代の土地所有とそう変わらないようにみえる。しかし、近世の農民の土地所有のあり方は、近代的な土地所有のあり方とは大きく異なっている。

例えば、近世の土地所有権の移動は、質入れ《しちいれ》・質流れ《しちながれ》というプロセスをとることが多かった。「質入れ」というのは、「質屋」というときの「質」と同様に、土地を担保にお金を借りることである。質入れには三年や五年などの期限（年季）があり、質入期間中は、お金を貸した側がその土地を使用する権利をもつ（ただし、借りた側がその土地を耕作し続ける場合も多い）。年季内にお金が返せれば、土地は返ってくる。これを「請戻し《うけもどし》」という。これに対して、期限内にお金が返せなかった場合には、その土地は完全にお金を貸した側の所有物となる。これが「質流れ」である（図1-3）。

現在の不動産取引であれば、このように担保となっている土地がいったんお金の貸し手の所有物になれば、そのあと新たな所有者がその土地をどのように使用しようが、あるいは第三者に売却しようが、その所有者の自由である。元の所有者はその土地に対して一切の権利をもたない。ところが、近

図 1-3　土地の質入れ・請戻し・質流れ

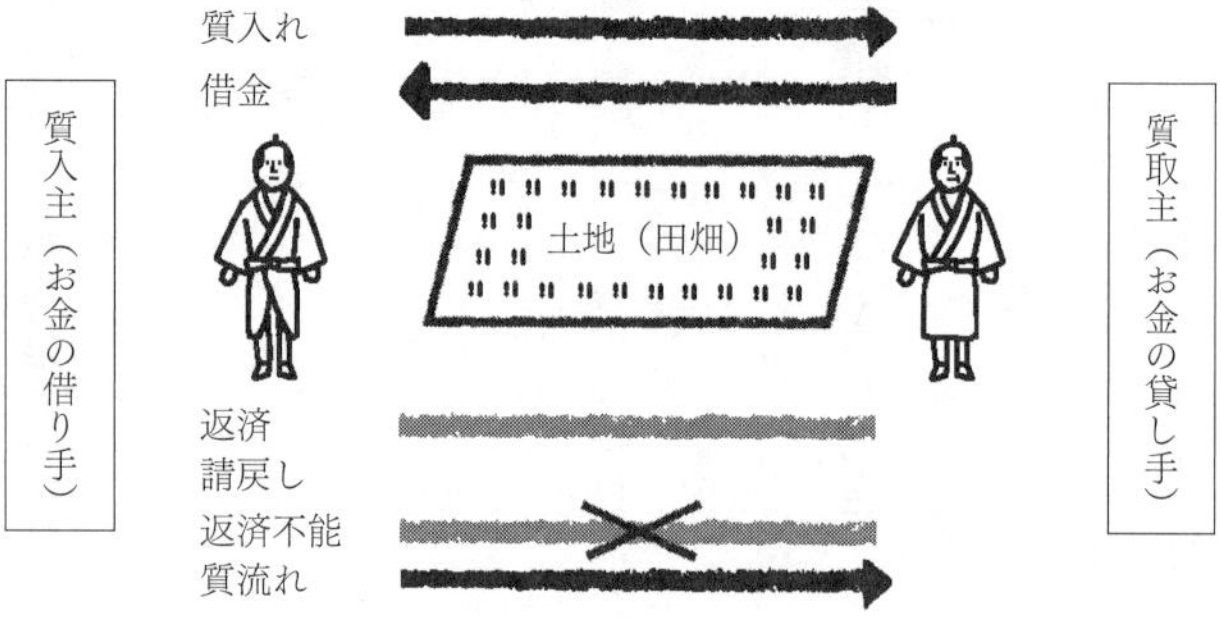

世農村では、いったん質流れとなったのち何年も経過してから、元の所有者が元金を用意すれば、土地は元の所有者に返還されなければならないという慣行が広くみられた。これが無年季的質地請戻し慣行である。そして、この請戻しはあくまで村のルールであり、幕府や藩がそうした法令を出していたわけではない。常陸国《ひたち》（現在の茨城県）の事例で、質流れから約一三〇年後に請戻しを要求している例があったこともわかっている。もちろんお金を貸し借りした本人たちは生きていないので、子孫どうしの争いである［白川部　一九九四］。

こうした措置は、ある農家が土地を失って、農業が継続できないような状態に立ち至らないようにするもので、一見すると借金をしなければならないような困窮した農家に「優しい」制度であるともみえる。しかし、これは近世の村人が、現代人に比べて隣人に「優しかった」ということをただちに示すわけではない。村請制のもとでは、村の戸数が減っても、村全体として納めなければならない年貢の額は減少しない。したがって、村全体として、農業を営む農家の戸数を維持することに一定のメリットがある。近世の村にみられる土地の共同利用や相互扶助の仕組みは、近世の村が、「村請制の村」であることとの結果なのである。

●モザイク状の支配

次に、領主と農民、村の関係を考えてみよう。

本章第一節で説明したように、将軍や大名、旗本といった領主は、まず、軍事力の担い手であるというのが、その本質的な性格である。裏を返せば、領主は、領内に住む住民に、行政サービスを提供することを、第一義的な目的とはしていない。領主にとって領地とは、戦争を遂行するための財源として与えられたものである。このような領主と村の関係は、現在の都道府県と市町村（あるいは国と市町村）の関係とは全く異なっていることに注意しておきたい。領主の相互関係において問題になるのは、ある領主が、どれだけの石高をもっていて、どれだけの軍事力の動員が可能か、ということである。極端に言えば、一万石の石高をもっている領主の、その一万石の領地がどこにあっても問題はなく、一カ所にまとまっている必要はないのである。実際、近世を通じて、ある大名の領地の削減や、別の大名への領地の付与などを繰り返した結果、領地は非常に入り組んだかたちで存在することになった。現在のように、ここからここまでが○○県で、その範囲の中にある××村は○○県に属する、という関係があるわけではない。ある村は大名Aの支配を受けているが、隣村は大名Bの支配を受けていて、さらにその隣村は幕領だ、というような、モザイク状の支配がありうるのである。さらには、ある村のうち、石高の半分は大名Aが支配しているが、残り半分は大名Bの支配だ、というように、一つの村に複数の領主が設定されるということも起きてくる。これを**相給**《あいきゅう》**村落**という。

もちろん、かなり広い範囲の多くの村が、一人の領主の支配に属するということもある。例えば長州藩や薩摩藩のように、大藩と呼ばれる藩の場合は、一つの藩の領知が空間的に連続して、面として存在する。これを**領国地帯**という。それに対して、小藩や幕領・旗本領などが散在して、モザイク状の支配になっている地域のことを**非領国地帯**という。例えば図1-4は、江戸時代の信濃国（長野県）の所領分布であるが、大名領、幕府領、旗本領が入り組んで存在していることがみてとれるだろう。中には、棚倉藩領（現在の福島県の棚倉《たなぐら》に本拠地をもつ）のように、遠く離れたところに本拠地がある藩の飛び地もある。

三　巨大都市と町

●町の姿

都市に目を転じてみよう。ここでは、主として幕府直轄都市である江戸・大坂・京都（三都）を中心に考えてゆきたい。こうした巨大都市の構成要素は、「**町**《チョウ》」である。図1-5は、江戸時代の末期、一八四九（嘉永二）年の、現在の東京都中央区の日本橋から京橋にかけての絵図である。一つの道路を挟んで、「〇〇町」という町が多数存在していることがわかる。近世都市の基本単位である「町」

図 1-4　江戸時代の信濃の所領分布

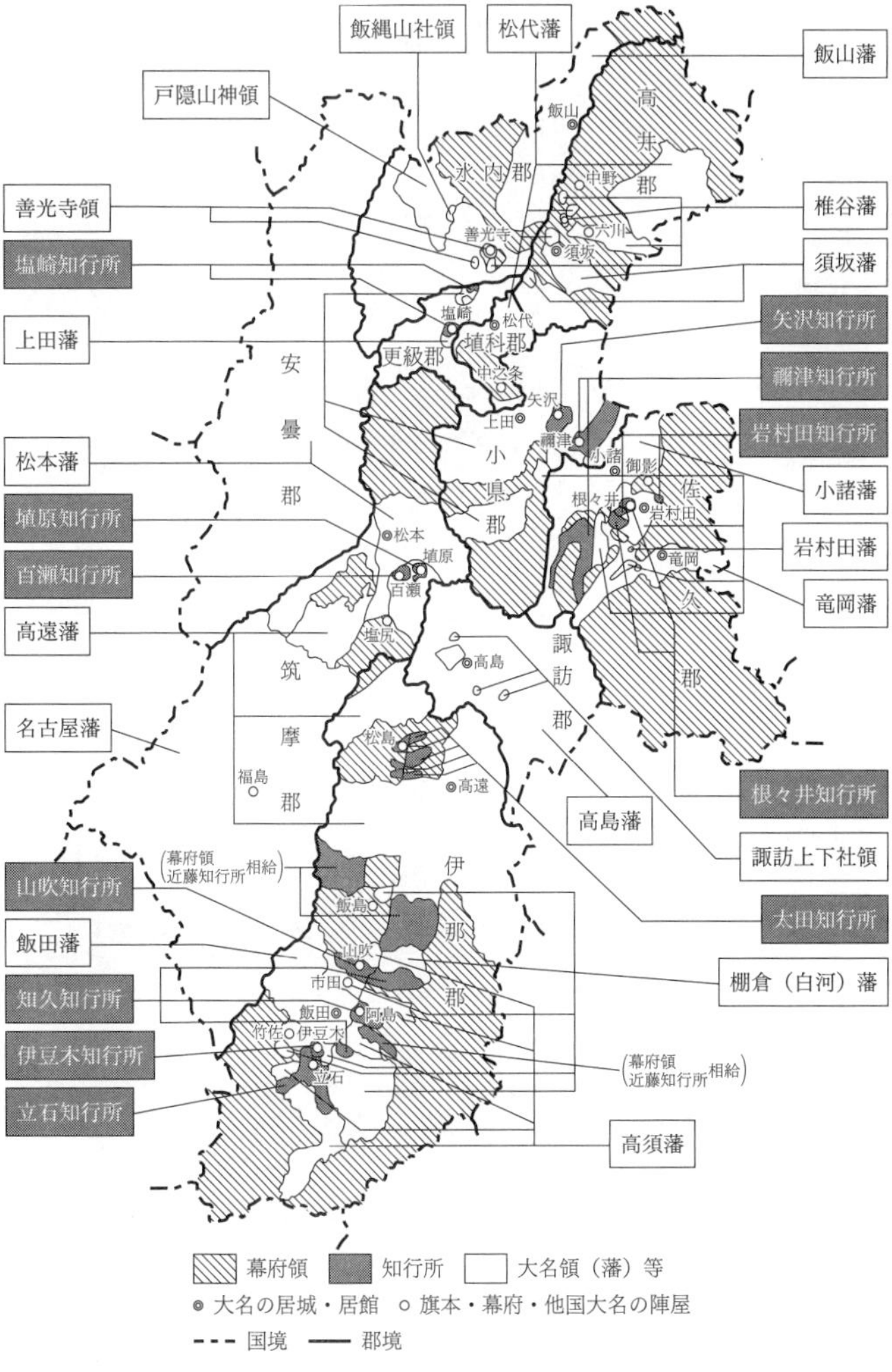

出典　長野県立歴史館編・発行『長野県誕生！――公文書・古文書から読みとく　平成 29 年度夏季企画展』2017 年。

図 1-5　築地八町堀日本橋南絵図（1849 年）

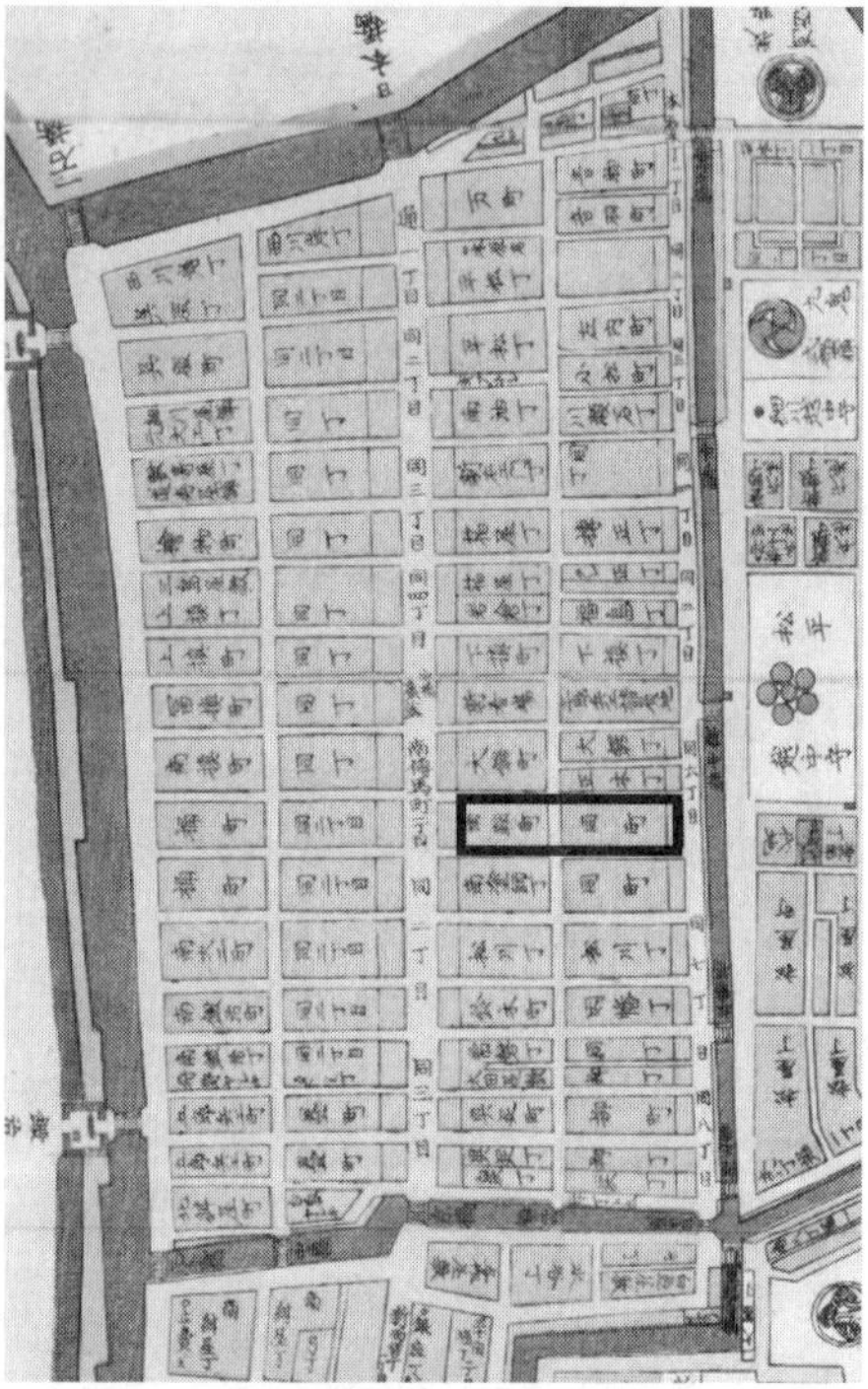

出典　国立国会図書館所蔵。

は「両側町」と呼ばれるもので、原則として一つの道路を挟んでその両側にある町並みの一ブロックが一つの町を構成する。**図 1-6** は町の模式図である。その規模は、現在の「○○何丁目」よりずっと小さい。俗に「大江戸八百八町」というが、実際には江戸の総町数は一六○○ほどであった。

村の構成員が「百姓」身分の人であったのに対し、「町」の構成員は「町人」である。町人とは、本来的には町に住居と店舗・作業場（町屋敷）を所有する者のことである。江戸などの巨大都市には武家屋敷があり、武士が居住しているが、武家屋敷は「町」には入らない。**図 1-5** の右端、いくつか白く大きな区画には「松平越中守」などの武家屋敷がみられ、そこには「○○町」の名称は書き込まれていないことがわかる。近世都市では武家地と町人地は区別されている。現在であれば誰が住んでいようとそこには住所が付いているが、近世の町は、単なる位置を示す住所ではなく、町人身分の者が住む空間であり、その集団をも意味していた。

●町と役

近世都市では、農村と異なり、土地には年貢が賦課されない。その代わりに、それぞれの町には「役《やく》」という、労働の提供義務が課せられる。町を単位に賦課される「役」には大きく分けて「公役《くやく》」と「国役《くにやく》」がある。「公役」は「町人足役《ちょうにんそくやく》」とも言い、建築・土木工事の場合などの労働力負担を指す。「国役」は、職人的な特定の技術をもつ者たちが住む町に課せられる役で、手工業製品製造の労働力を供出する義務である［吉田 一九九一］。

国役町の一例として、図1-5に南鞘町《みなみさやちょう》という町がみえる（図中の太線で囲った部分）。その名の通り、本来は、江戸という都市が成立した際に、刀の鞘を作る職人が集住させられて成立した町と考えられる。図の周辺には「南塗師《みなみぬし》町」「大鋸《おおのこ》町」といった町名がみえるが、これも同様の職人町である。

図1-6　町の模式図

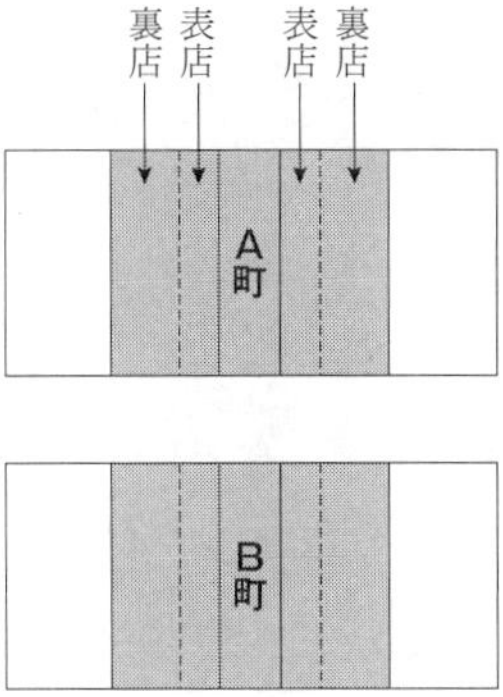

この町は、本来的には江戸城で必要とされる刀の鞘の漆塗作業のために、幕府の指令次第で塗師職人を差し出す役を負担していた。その人数は年間延べ三〇〇人ほどであったとい

う。この町に住み、家を所有する住民が主として塗師から構成されるという、町が設定された当初の状態では、それは可能なことであっただろう。しかし、次第に町の住民は入れ替わって職業も多様化し、土地・家屋の所有者も、南鞘町に居住しない不在地主が増えてくる。こうして、一八世紀以降、南鞘町が負担する塗師役は貨幣によって代納されるようになり、塗師職とは特に関係のない町人（また、その人物が南鞘町に住んでいるとも限らない）が、貨幣で国役を支払う町へと変化する。それでも、南塗師町に対する役の賦課は一八七一（明治四）年、明治政府によって廃止されるまで続いた。公役も、近世の比較的早い時期から、町人が実際に務めるわけではなく、代金を納入するかたちに変化した［吉田 一九九一］。しかし、原理的には、近世都市の町は、軍事力の主体である武士が必要とする労働力を供給する義務を負わされることによって、支配に組み込まれていたわけである。

一方で、労働力の提供が、早い時期から貨幣で行われるようになったことは、本来は町屋敷をもち、そこに居住する住民たちによって構成されるはずの町が空洞化していったことを意味する。近世中期以降、個々の町人が土地を失っていき、土地は少数の大地主に集積されるという事態が進行するのである。

こうした町屋敷の集積の結果、近世都市では、一方の極に「大店《おおだな》」と呼ばれる大商人が出現した。その代表が、京都・江戸・大坂の三都でそれぞれ営業拠点をもった三井越後屋（のちの三井財閥の源流であり、現在の三越の前身）である。

他方に、住宅や店舗を所有しない商人・職人が存在することになり、さらに、「裏店」（図1-6参照）住まいの都市下層民が生まれる。彼らは「日用《ひよう》」と呼ばれる日雇いの単純労働や、「振売《ふりうり》」と呼ばれる、常設店舗をもたずに天秤棒で商品を運びながら商売をするような小売業に従事していた［吉田 二〇〇九］。

四　身分制社会論

●「袋」としての社会集団

以上のような近世日本の社会集団のあり方は、一言で言えば**身分制社会**という言葉で表すことができる。

江戸時代の身分制と言えば、「士農工商」の階層的な秩序を想起するかもしれない。いわば、政治権力をもつ武士を頂点とするヒエラルキー的な上下関係、階層秩序のことである。

しかし、こうした近世身分制理解は、現在、研究の主流を占めているわけではない［塚田 二〇一〇］。近世の知識人の書いたものの中に「士農工商」という言葉がないわけではないが、しかし、近世の史料に頻出する語ではなく、社会的実態を示すものでもない。

「士農工商」が、三角形のヒエラルキーでイメージされるとすれば、近世の身分制とは、人間が、いくつかの「袋」にまとめられ、「袋」の積み重ねによって一つの社会ができあがっているようなイメージがより妥当である。

ここでいう「袋」とは、社会集団のことである。例えば、百姓という身分をもつ人々は、村という集団に所属し、幕藩領主から村単位で把握される。その表れが、年貢の村請制である。百姓から領主に納められる年貢は村を単位として賦課され、村が責任をもって年貢の納入を請け負う。

都市では、町人身分の人々が、町という単位に所属し、町単位で役を賦課される。武士の場合も同様で、それぞれが仕える主君の家ごとに集団を形成している。そして、それぞれの身分集団は、幕藩制国家から役（軍役や国役や公役）を賦課され、それによって社会の中でその地位を保障される。

社会集団は「家」経営体から構成される。近世社会の「家」とは、代々継承される家業と財産をもち、男性当主から次の世代の当主へと世代を超えて永続する組織である〔大藤 一九九六〕。男女の「家」構成員は「家」という経営体を労働の単位としていた。「家」経営体は生産・営業の単位であると同時に共同生活の単位であるという点で、職住分離の「家庭」型家族とは異なる。

一人一人の人間が「家」を通じて、身分的な社会集団という「袋」にまとめられ、国家から集団を通じて賦課される役を果たす。これが近世身分制社会の基本的な構造である。

先にみたように、「町」という地縁的な枠組みが社会集団として空洞化していくと、近世都市では同業者による職域的な結合、すなわち**仲間**（**株仲間**）組織が発達する。仲間組織は、問屋のような大商人の結合から、小商人や職人まで広く結成された〔吉田 二〇〇九〕。仲間組織は、もともとは同業者どうしの自発的な結び付きに起源をもつ。しかし、近世社会は、社会集団が特定の「役」を担い、それによって社会の中での位置づけを与えられる社会である。仲間組織も、金銀の支払い（冥加・運上）や何らかの役負担を負う引き換えに、幕府や藩による公認を得て、仲間による営業の独占、仲間に加入する業者の固定（株数の固定）を保障してもらおうとする動きをみせる。このように、新たに形成される社会集団が、絶えず幕藩権力による公認を求め、特権を獲得しようとする動きをみせる点に、近世社会の特質がある。

●**賤民身分と身分的周縁**

このような構造は、えた・非人など、各地で多様な名称で呼ばれる賤民身分集団の場合も同様である。関東の賤民組織の頂点には江戸のえた頭であった弾左衛門《だんざえもん》がおり、その支配のもとに、各地の「職場」単位にえた身分の小頭が置かれ、えた身分の小頭は、その組下のえたを支配すると同時に、職場内に散在する非人も支配する。えたの権益は、その職場内の斃牛馬（死亡した牛馬）処理権と職場内で施しを受ける権利（勧進権）の二つである。非人はえたの支配下にあり、職場内で斃牛馬を発見し次第、皮を剝《は》ぐなどの処理を行う役を務める。この皮の所有権はえたに帰する。一方、非人はこの斃牛馬処理業務を担う代わりに、職場内で施しを受ける行為（勧進行為）を認められる。他方、生活の基盤を失い、物乞いをせざるをえない状況に追い込まれた個人が、例えば都市・江戸に流入して物乞いを行っていた場合、それは未公認の非人（「野非人」）という扱いを受ける。非人集団は、こうした「野非人」を取り締まる役を担っていた。「野非人」が発見された場合、出身地に送り返されるか、非人集団に編入されるかのいずれかの措置がとられる［塚田 一九八七、二〇一〇］。大坂周辺では、皮革業にかかわるかわた身分と非人身分は別個に集団を形成し、非人は町奉行所の警察機能の末端を「役」として担った［塚田 二〇一〇、二〇一三］。

　このように、近世社会の身分とは単純な上下関係を指すものではない。近世身分制社会を構成する基本単位である「袋」にも、いろいろな種類の「袋」がある。そのうえ、近世後期には、「袋」に入りきらない人々も、都市を中心に多数生まれていた。本来、身分集団は、所有とその保障を基本的性格としてもつ。百姓であれば耕地の所有であり、町人であれば町屋敷所有である。しかし、都市部で増大した裏店住まいの下層民たちは、所有するものを何ももたない。こうした存在は本来の身分制的なあり方からは逸脱している。さらには、社会の複雑化にともない、百姓や町人といった基本的な身分以外の身分集団が生まれてくる。こうした身分集団のことを、現在の研究者は**身分的周縁**と呼んでいる。

注

(1) ここでは説明を省略したが、領主層の中には、天皇および公家や寺院・神社が含まれる。

(2) 「藩」「○○藩」という呼称は近世にはあまり用いられていない。正式に「藩」という呼称が用いられるようになるのは、一八六八（明治元）年の「藩治職制」以降のことである。

(3) こうした幕府直轄領は、現在の研究者によって「幕領」と呼ばれる（現在、一般には「天領」と呼ばれるが、江戸時代にはこの語は用いられておらず、また研究者もあまり使用しない。もっとも「幕領」という用語も同時代には用いられていない。同時代に使われている用語は「御領」ないし「御料」である)。

■もう少し勉強したい人のために

塚田孝『近世身分社会の捉え方――山川出版社高校日本史教科書を通して』部落問題研究所、二〇一〇年。

本章の基本視角である身分制と社会集団の関係が、ブックレットの形でわかりやすくまとめられている。

吉田伸之『成熟する江戸』(日本の歴史17)講談社学術文庫、二〇〇九年。

近世の大都市に生きる人々の姿を、具体的に、かつ一貫した枠組みで描いた著作。近世都市についてのイメージを得ることができよう。

渡辺尚志『百姓の力――江戸時代から見える日本』角川ソフィア文庫、二〇一五年。

近世の村の基本的な仕組みである村請制や、土地所有のあり方について、豊富な事例によって平易に解説している。

□その他参照文献

大藤修『近世農民と家・村・国家――生活史・社会史の視座から』吉川弘文館、一九九六年。
白川部達夫『日本近世の村と百姓的世界』校倉書房、一九九四年。
高木昭作『日本近世国家史の研究』岩波書店、一九九〇年。
塚田孝『近世日本身分制の研究』兵庫部落問題研究所、一九八七年。

塚田孝『大坂の非人——乞食・四天王寺・転びキリシタン』ちくま新書、二〇一三年。

古島敏雄「入会採草地利用の封建的特質」『古島敏雄著作集　第三巻　近世日本農業の構造』東京大学出版会、一九七四年。

山口啓二『鎖国と開国』岩波現代文庫、二〇〇六年。

吉田伸之『近世巨大都市の社会構造』東京大学出版会、一九九一年。

第2章

近世社会の解体（一）

▼廃藩置県と戸籍法

一　都市の諸身分集団の解体——戸籍法

●身分制解体の位置づけ

第2章と第3章では、第1章で説明したような、近世社会の基本構造が、明治維新後どのように解体されてゆくのかを説明する。

法制度上からみて、近世身分制の解体が、一八七一（明治四）年の戸籍法の公布・施行によるものであることは、広く知られている。戸籍法は、すべての身分の者を属地主義（元武士であろうが、元町人であろうが、同じ地域に住んでいればその地域の戸籍に登録される）で同一戸籍に編製、近世身分制を解体した。しかし、こうした政策が、「身分制を解体する」という一定の構想のもとに、政府が主導して行ったものなのかと言えば、必ずしもそうとは言えない。このような身分制解体の非計画性は、これまで、一方では社会集団に拘束され、他方では社会集団に依存して生きてきた人々を集団から解き放ち、突如として流動的な状況の中に投げ込む効果をもった。のちの章で述べる通り、近代的な社会集団は、こうした流動的状況の中から、あらためて人々が結び付きを作り直すことによって生まれるが、明治初期の急激な秩序の流動化は、近代的な社会集団のあり方の特徴の前提を作り出すものだった。政府が、こうした秩序の流動化を引き起こすような政策を採用した理由を説明することが、第2章と第3章の課題である。第2章では、特に都市を中心にその様相をみてゆきたい。

●脱籍浮浪人問題から戸籍編製へ

戸籍法が必要とされた主たる理由を遡《さかのぼ》ってゆくと、新政府の治安対策にたどり着く〔横山 二〇〇五、二〇一八〕。成立したばかりの政府は不安定で、各種の反政府勢力の攻撃に晒《さら》されていた。旧幕府系はもちろん、新政府側でも、新政府が進める西欧化政策に不満をもったり、新政府の成立に功績があったと自認しながら、新政府の中で適切な処遇が得られていないと感じたりするさまざまなグループがいた。これらのグループは政府要人暗殺やクーデタを企てることがあり、一八六九（明治二）年の横《よこ》井小楠《いしょうなん》暗殺事件、七一年一月の広沢真臣《ひろさわさねおみ》暗殺事件、同年三月、元公家の愛宕通旭《おたぎみちてる》・外山光輔《とやまみつすけ》のクーデタ未遂事件など、政府を揺るがす事件がたびたび起きた。都市、特に東京は、そうした反政府勢力が潜伏する拠点になっていた。

このため、政府は都市に居住している人間を把握する必要があった。しかし、明治維新期の都市、特に江戸における住民把握の方法はきわめて不十分であった。なぜなら、当時江戸で行われていた人《にん》別改《べつあらため》（居住者を人別帳に登録する作業）は、江戸幕府の天保の改革の一環として発布された「天保人別改令」（一八四三〈天保一四〉年）に準拠して行われていたが、これでは都市住民の全体像を把握することができなかったからである。天保の改革は、農村から都市に人口が移動することを抑制することを目的としていたため、天保人別改令は、他地域から江戸に移住することを制限し、許可証が必要であることを定めていた。しかし、実際には江戸への人口移動を抑制することはできず、無許可で江戸に滞在し、人別帳に登録されない人口が増えていたのである。

新政府はこうした状況を改善し、すべての場所に誰が住んでいるのかを把握することが治安維持の観点から不可欠と考えた。これを**脱籍浮浪人《だっせきふろうにん》問題**と呼ぶ。

こうした目的での戸籍の整備は、必ず身分制を破壊しなければいけないわけではない。身分別であろうと属地主義であろうと、住民全員が把握できればよいのである。実際、当初の東京府の戸籍政策である一八六九（明治二）年八月の東京府戸籍編製法は町人地のみを対象としており、それに続く一〇月の東京府士籍法は、東京に居住する士族のうち、旧幕臣のみを対象としていた（東京に居住していても各藩の士族は各藩で把握されるから、東京府の把握の対象とならない）。この段階での「戸籍」では、身分制の存在は前提だったのである。

●戸籍法

これに対して、一八七一（明治四）年四月、全国を対象として出された**戸籍法**は、完全な属地主義をとっていた。戸籍法では、町・村・武家地を合わせて「区」を設定し、その区内に住んでいる住民をしらみつぶしに調べる、という方針が宣言された。

ところが、この法令さえも、当初は身分集団の存在を前提に、身分集団を使って属地主義的な戸籍簿を作り上げることを目的にしていた。そのことは、戸籍編製の最初の作業である「寄留人《きりゅうにん》調査」（本籍地を離れて別の場所に住んでいる者の把握）に際して、東京府は、各身分集団のトップ（例えば、東京府の旧幕臣は「触頭《ふれがしら》」というリーダーのもとにグループ化されていたが、その触頭や、近世以来、関東地方の賤民組織の長であった弾左衛門《だんざえもん》が改名した弾直樹《だんなおき》）に命令を出し、その集団内の「寄留人」の情報を東京府に提出させ、それを東京府が地域別に仕分けようとしていたのである。

しかし、これでは集約された情報を府が地域ごとに並べ直さなければならない手間が発生する。デジタルで並べ替え作業などできず、また、多数の周縁的な身分集団の存在によって複雑化している当時の江戸において、こうした作業は事実上不可能であった。結局、戸籍の編製単位とされた「区」ごとに、これまでの身分にかかわりなく、その区内に居住する人間を登録することが合理的な選択となる。こうして、結果的に戸籍法は身分制を解体することにつながった［横山 二〇〇五］。これに続いて、一八七一（明治四）年八月に賤称廃止令が出され、近世のかわた・非人などの賤民身分集団が解体された［横山 二〇一八］。

二　府藩県三治制と版籍奉還

●府藩県三治制

次に、武士身分の解体についてみてゆこう（以下、この節は特に断らない限り［松尾 一九九五］による）。

明治政府が成立しても大名の支配が消滅したわけではない。新政府軍と旧幕府勢力との戦闘＝「戊辰戦争」の渦中でも、ほとんどの藩は新政府に従う姿勢を示し、その場合、藩の支配は継続した。実際に新政府軍と激しい戦闘を交わした東北地方の諸藩も存続した。一八六八（明治元）年一二月七日に発表された戊辰戦争の戦後処分では、最後まで抵抗した会津藩が現在の青森県に石高削減のうえ転封される（斗南《となみ》藩）という処分を受けたほか、仙台藩が六二万石から二八万石に石高削減されるなど、東北諸藩で合計八五万石弱の削減が行われた。かつての将軍家である徳川家は、最後の将軍であり当主である徳川慶喜《とくがわよしのぶ》にかえて、御三卿の一つである田安家の当主、亀之助が徳川家達《とくがわいえさと》と改名して当主となり、駿府（現在の静岡市）を中心とする七〇万石を与えられた（静岡藩）。戊辰戦争後の処分で取り潰しとなった唯一の大名は、関東地方で新政府に抗戦し、さらに東北まで転戦した上総《かずさ》国請西《じょうざい》藩主林忠崇《はやしただたか》だけである。これは、新政府が寛大であったというだけではなく、寛大な処分をとらざるをえないほど政府の基盤が弱かったということでもある。

一方、かつての幕府直轄領（幕領）は、新政府に接収されて、「府」や「県」という名称になり、代官にかえて知事が任命された。のちに、旗本知行所も府県に編入された。ただ、これは旧幕領の名称変更にすぎないので、実態として近世の支配とそれほど異なった状態が生まれたわけではない。一方で藩が存続し、他方で政府直轄地が存在する、この時期の地方統治の体制を**府藩県三治制**《ふはんけんさんちせい》と呼ぶ。図2-1は、府藩県三治制期の信濃国である。近世の信濃国の支配のあり方を示した図1-4と比較してほしい。幕府直轄領が「伊那県」という県になったが、その領域はまとまっているわけではなく、間に近世以来の藩が存在していることがみてとれるだろう。

藩が存在することを前提に、新政府は、藩の制度を統一し、藩の内部に政府の統制が及ぶような方向での改革を進めてゆく。一八六八（明治元）年一〇月二八日に制定された「藩治職制」では、各藩の職制の統一が図られ、旧来の家老・用人などを執政・参政・公議人と改称させた。

●版籍奉還

一方、政府内部では、大名の領地が大名の私的な所有物ではないことを明瞭にしておくために、土地と人民をいったん天皇に「返還」する**版籍奉還**を行うべきだという主張がみられるようになる（実際には各大名は天皇から領地を与えられたことはないのだが）。早い時期のものでは、薩摩の寺島宗則《てらしまむねのり》が、一八六七（慶応三）年一一月、薩摩藩主島津忠義《しまづただよし》に土地と人民を天皇に返還することが必要と説いており、翌年には長州の木戸孝允《きどたかよし》も、版籍奉還の必要性を、主君である毛利敬親《もうりたかちか》に説いている。一八六八（明治元）年九月ごろからは木戸と大久保利通《おおくぼとしみち》の間で具体策の立案が始まっている。

図 2-1　府藩県三治制期の信濃国

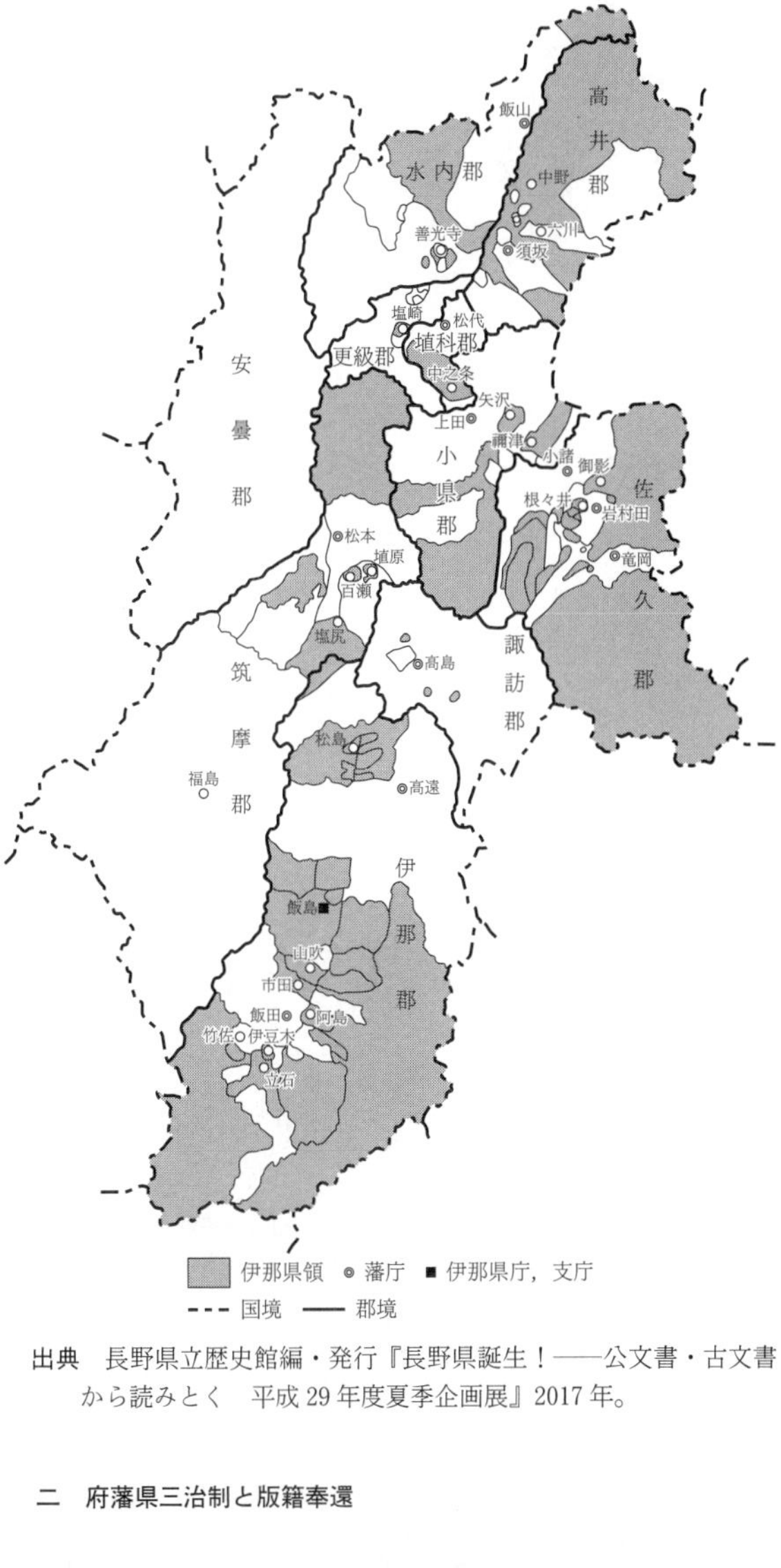

出典　長野県立歴史館編・発行『長野県誕生！――公文書・古文書から読みとく　平成 29 年度夏季企画展』2017 年。

ところが、表面に表れる版籍奉還の最初の動きは、長州出身、薩摩出身の政府有力者の手によるものではない。それは、一八六八（明治元）年一一月、姫路藩主酒井忠邦《さかいただくに》による版籍奉還願である。なぜ姫路藩だったのだろうか。

姫路藩酒井家は代々幕府の要職を歴任した家柄で、江戸幕府が崩壊したときに藩主は幕府の大老を務めていた。そのため幕府支持の姿勢が強く、戊辰戦争の初期に、一時的に新政府軍と兵を交えている。このため姫路は、朝敵藩とされ、政府から藩主の蟄居《ちっきょ》、隠退や軍資金の献納などを命じられていた。その後、藩内は政府に忠誠を誓う新藩主派と、領地を返上してあくまで徳川家に従うべしとする派に分裂していた。新藩主は、この藩内の対立の処理に行き詰まり、いったん新政府に土地と人民を奉還し、あらためて自分を藩主として公認してもらいたいという意図から、版籍奉還を願い出たのである。

土地と人民を天皇に返還するという版籍奉還は、その数年後、廃藩置県によって藩がなくなる、という後の経緯を知る者には、藩が消滅することへの一里塚にみえる。あるいは、同時期に版籍奉還の計画を進めていた薩摩や長州出身の新政府指導者たちの思惑も、そのような方向のものであったことは事実だろう。

しかし、この姫路藩の版籍奉還願は、必ずしもそういう意図から出たものではない。むしろ姫路藩酒井家がどうすれば生き残れるかを考えた末に出されたものである。朝敵藩とされた汚名を返上し、天皇の直轄地である府県と同様、天皇から支配の正統性を認められることを通じて、藩主と家臣の関係を確認し、天皇の権威を背景とした藩政の再建を図ることが目的だった。

姫路藩に先を越されてしまうことに焦った薩摩、長州など出身の有力者は、まず自分たちから版籍奉還することを急ぎ決定し、一八六九（明治二）年一月二〇日、薩摩・長州・土佐・肥前四藩による版籍奉還上表が提出された。これに続いて各藩も後れをとってはならぬと版籍奉還を願い出て、六月にそれらは許可された。近世の大名は、それぞれ藩の知事に任命された。直轄地である府県の長も、藩の長も職名は知事であるから、形式的には、府県と藩は同じ位置づけである（「府藩県一致」）が、総じて諸藩は、版籍は奉還してもあらためて与えられるもの、と考えていた。実際、建前はすべての土地と人民が天皇のものになったが、各大名が知事に任命され、その支配は存続したのである。

そもそも、新政府自体ができて間もない。はたしてこの政権が存続するかどうか、もう戦争が終わったのか、という確信も存在しない。また戦争になるかもしれない、という予測はかなり広まっていた。土佐藩の軍事的指導者であった谷干城《たにかんじょう》は、このころ、府藩県三治制といって統一的な制度を作ったとしても、力のある人材はみな各藩に所属していて、中央政府では、出身藩を離れて根無し草になったような人物と、七〇〇年以上軍事にかかわってこなかった公家たちが権力を握っており、所詮、長続きはしない、加えて薩摩藩と長州藩は互いに仲が悪く、近いうちに再び戦争が起こることは間違いない、そのためには我が藩も軍事力の改革・増強が必要であるという主張をしている。

各藩は、藩の存在を前提に、再びくるかもしれない内戦に備えて、藩の体制を整え、軍事力を強化するという方向に向かった。例えば、和歌山藩では、この時期、ドイツから顧問を招聘《しょうへい》して、ドイツ式の軍事改革を、藩独自に進めようとしていた［石塚 一九五五］。

三　廃藩置県への道

●維新政府の危機

それでは、廃藩置県は実際にはどのように行われたのだろうか。

姫路藩のような、戊辰戦争でどちらかと言えば負け組に属する藩が生き残りをかけて大胆な策に打って出る傾向をみせたのに対して、戦争に勝った諸藩、特に薩摩藩と長州藩では、凱旋してきた兵士の不満の対応に手を焼いていた。長州藩では、一八七〇（明治三）年、脱退騒動と呼ばれる事件が起こった。これは、奇兵隊など、幕末に結成された非正規の軍隊、いわゆる「諸隊」の存在が、戦争終結後に藩の財政を圧迫したため、藩がこれらを解散させようとしたことに反発して蜂起した事件である。長州藩はこの蜂起を徹底的に弾圧した。薩摩藩の士族も、中央政府に権限が集中することに批判的であった。このように、薩摩や長州の内部で、凱旋してきた士族たちの声が大きくなり、コントロールが利かないことを、木戸孝允は「尾大の弊」と表現している。しっぽが大きくなって頭がしっぽをコントロールできない状況という意味である。

当時、中央政府の中枢にいたのは、公家出身の岩倉具視《いわくらともみ》と、薩摩出身の大久保利通である。彼らは、薩摩・長州の両藩をしっかりと政府支持で固めることを画策する。一方、もう一人の政府の中心人物、長州出身の木戸孝允は、こうした動きに対して、薩摩＝大久保に政府を乗っ取られるのではないかという不信感を抱いていた。

大久保は木戸を説得しつつ、有力藩の合意形成を図った。薩摩藩の有力者西郷隆盛《さいごうたかもり》はこの働きかけに応じ、西郷は約三〇〇〇人の薩摩藩兵を引き連れて東京に来た。これを含め、一八七一（明治四）年二月一〇日、高知、山口の兵とあわせて八〇〇〇人あまりの「御親兵」が設置された。

西郷が上京と政府への協力に同意したのは、鹿児島で不満をかこつ凱旋兵士たちを引き連れて東京に来れば、政府が彼らを養ってくれるからである。ともあれ、木戸と西郷の二人が政府の中心に立ち、有力藩を結集して、政府が全国を統制する力を高めようとする方針が立てられた。この時点で、「廃藩置県」に向けて、政府内の方針が固まっているわけではない。

版籍奉還の時と同じように、その契機は、戊辰戦争の敗者、ないし権力の中枢から排除されたその他の藩からもたらされた。彼らのような、もともと立場の弱い藩の人々は、自分たちから、「廃藩」を主張することで、政府への権力集中の動きを先取りし、主導権をとろうとしたのである。〔高橋 一九九二〕。一八七一年三月、熊本藩知事・細川護久《ほそかわもりひさ》が藩知事辞職を建白し、同年四月には、高知、熊本、徳島、彦根、福井、米沢の諸藩が改革派の連携を成立させた。こうした諸藩に主導権を握られることに対して、大久保、木戸は警戒感を高めた。

ところが、肝心の政府中枢では、大久保と木戸の関係が順調にゆかない。一八七一年七月五日から、政府機構強化のための「制度取調会議」が開始されたが、議論は空転し、流会を繰り返した。

●「書生論」からクーデタへ

この状況の中で、廃藩置県への直接の動きは中堅の軍人たちの間から生まれた〔勝田 二〇一四〕。一八七一（明治四）年七月上旬、山県有朋《やまがたありとも》邸での会合で、鳥尾小弥太《とりおこやた》と野村靖《のむらやすし》（いずれも長州藩出身者）が、廃藩置県の必要性を論じた。これが廃藩置県の発端とされる「書生論」（若手の間から沸き起こった議論であるためこの名がある）である。廃藩置県の必要性で同意した鳥尾、野村は、長州藩の先輩で大蔵省幹部の井上馨《いのうえかおる》へ働きかけ（七月五日）、これを受けて井上から木戸への働きかけ（同月六日）、木戸から西郷隆盛への働きかけ（同月六日）と、連鎖的な合意形成が図られた。当初、廃藩に反対かと思われた西郷は「夫《そ》れは宜《よろ》しかろう(1)」とあっけなく同意したという。一方、西郷から働きかけを受けた大久保利通はやや慎重で、「篤《とく》と熟考、今日のままにして瓦解せんよりは寧《むし》ろ大英断に出て瓦解(2)」したほうがよい、と判断して同意した。大久保にとって、この決断は、このままでは政府が瓦解してしまうという状況の中での、一か八かの賭けであったことがわかる。

七月九日からは、薩摩・長州の関係者だけで協議が行われた。当時、政府の形式的なトップは公家出身の太政大臣《だじょうだいじん》・三条実美《さんじょうさねとみ》で、右大臣・岩倉具視がそれに次ぐ地位にあったが、彼らに廃藩置県の計画が知らされたのは、実際に廃藩置県が宣言される前々日の一二日である。この計画を聞かされた岩倉具視は、「意外の大変革」であると「狼狽」した、と史料は伝える。廃藩置県とは、政府中枢の岩倉ですら驚くような意外な措置であったのだ。

このように、一八七一年七月一四日に実行された廃藩置県は、必ずしも周到に計画されていたわけではなく、薩摩と長州（大久保と木戸）の相互不信、薩摩・長州以外の諸藩から政府中枢への揺さぶりという政府の危機の中で、七月上旬に政府の中堅から突如浮上し、政治危機打開の切り札として強行されたクーデタ的性格のものであった。

●計画なき決断

戸籍法と廃藩置県という、近世身分制を解体する二つの大改革に共通してみられる特徴は、大きな改革が周到な計画抜きに行われてしまうという、身分制解体の非計画性である。

戸籍法は、都市の身分集団の解体をもたらした。しかし、その政策は、最初から身分集団の解体をもくろんで立案されたわけではない。契機は反政府勢力が都市に潜んでいるという治安問題であった。また、武士身分集団を解体した廃藩置県も、最初から計画されていたわけではない。政府内部の対立が克服できず、政府の外からの挑戦に追い詰められた末の一か八かの決断にすぎなかった。

このように、周到な計画をもたず、半ば成り行きで大規模な改革が実行に移されてしまうのは、維新変革の一つの特徴である。そうした事態が生じたのは、第一に、政府が弱体であり、第二に、近世社会が身分制社会の枠内で相当に複雑化していたことによる。複雑な社会を正確に把握できず、また、諸藩を含めて社会から信用されていない新政府は、生き残りのために、一か八かの飛躍を行うよりほかに選択肢がなかったのである。

注

（1）　徳富猪一郎編『公爵山県有朋伝　中巻』山県有朋公記念事業会，一九三三年，一一二八頁。

（2）　日本史籍協会編『大久保利通日記　二』東京大学出版会，一九六九年，一七八頁，一八七一（明治四）年七月一二日条。

■もう少し勉強したい人のために

勝田政治『廃藩置県——近代国家誕生の舞台裏』角川ソフィア文庫，二〇一四年。

政府内外の諸要素が廃藩置県に帰結する様を描写し，廃藩置県に至るプロセスがいかに曲折に満ちたものだったかが丁寧に叙述されている。

横山百合子『江戸東京の明治維新』岩波新書，二〇一八年。

戸籍法の位置づけをはじめ，近世身分制の解体過程の研究を一新したとも言える著者が，その研究成果をコンパクトにまとめた一冊。制度の変化とともに，激しい変化の時代を生きた個人の姿も鮮やかに描かれている。

□その他参照文献

石塚裕道「明治初期における紀州藩藩政改革の政治史的考察」『歴史学研究』一八二，一九五五年。

高橋秀直「廃藩置県における権力と社会——開化への競合」山本四郎編『近代日本の政党と官僚』東京創元社，一九九一年。

松尾正人『維新政権』吉川弘文館，一九九五年。

横山百合子『明治維新と近世身分制の解体』山川出版社，二〇〇五年。

第3章

近世社会の解体（二）

▼地租改正と地方制度の制定

一　村請制の解体──地租改正

●地租改正の必要性

戸籍法と廃藩置県が、都市の諸身分集団（武士を含む）を解体したのに対し、百姓の身分集団＝村を解体したのは、一八七二～七三（明治五～六）年にかけて開始された地租改正と、八九年に行われた大規模な町村合併である。

一八七一（明治四）年の戸籍法は農村にも施行されたので、形式的には百姓身分集団としての村も戸籍法によって解体されたと考えることもできる。しかし、この段階では、近世の村の基軸であった年貢の村請制は手つかずだった。これを解体したのが地租改正である。

政府の側からみた場合、地租改正が必要であったのは、廃藩置県後の政府の徴税が公平性や安定性を欠いていたからである。廃藩置県後の政府の収入は、基本的には、それまでの年貢をそのまま徴収することで成り立っていた。しかし、近世社会では、旧領主ごとに、年貢の種類、率、徴収法などがばらばらであった。これをそのまま引き継いで、統一的な府県に編成すると、同じ府県内でも、以前の領主が誰であったかによって租税のあり方がばらばらになってしまう。特に、かつて非領国地帯（→第1章）であった場所では、隣の村の税率は全然違うということが起こってくる。藩を廃して、統一的な府県制度を導入した以上、こうした状況を放置すれば、不公平であるという不満が住民から生じてくるのは避けがたい。このため、租税制度の改革が必要とされたのである。

●壬申地券の発行

地租改正は、一八七二（明治五）年に始まる地券発行政策（いわゆる**壬申地券**《じんしんちけん》）と、七三年から、八〇年（山林原野は八二年）まで実施された、全国的な土地調査に基づく地租改正の本格実施の二段階に分かれる（以下、地租改正については、特に注記しない限り［福島 一九七〇］）。

徴税のために、地価を記入した土地所有の証明書＝地券を発行し、その地価の一定割合を税金として徴収するというアイディアは、旧幕臣で、新政府の官僚であった神田孝平《かんだたかひら》が、一八六九（明治二）年、七〇年の二回にわたって提案した**沽券税案**《こけん》に遡《さかのぼ》る。沽券とは、近世の都市で、土地を売買する際に作成されていた証文のことであるが、この沽券を徴税の手段として用いるというのが、神田のアイディアであった。

神田のプランは次のようなものである。本来、統一的な税制改革を行うには検地をしなくてはならない。[1]しかし、全国の土地を検地しなおすのには手間がかかる。そこで、土地の価値を評価する基準として、実際に売買される際の地価を用いる。売買地価を記載した沽券を発行し、その一定割合を税としてとればよい、というのである。

しかし、すべての土地が売買されているとは限らない。そのような、売買されていない土地については、所有者自らが地価を申告することにすればよいと神田は言う。当然、それでは、納税額を低くするために、所有者は相場より地価を安く申告してしまうのではないかという疑問が生じる。そこで神田が提案するのが、入札法、すなわちオークションを導入するという案である。つまり、所有者が申告した価格を公示し、それより高く買おうとする者が現れたならば、所有者は強制的にその土地を売却させられるか、買い手が付けた値段に地価を改定しなければならない。そして、地価を改定した場合は、その一割を高い値段をつけた買い手に支払わなければならないという懲罰的な措置をとる。そうすれば、すべての土地所有者は、オークションにかけられて安い値段で土地を手放すか、あるいは懲罰的な支出を強いられて損をするかを避けて、相場通りの地価を申告するだろうというのが神田の構想だった。

このように、神田案は、市場メカニズムに対する楽観的な信頼に満ちており、オークションを仕組みとして組み込んでおけば、実地調査を行わずに、土地所有者からの自己申告だけで地価が定まり、その地価に課税すれば税金が集まるという構想だった。検地＝土地調査という手間を省いて、一気に公平な税制を実現できるというのが神田案のポイントだった。

地券発行は、まず、市街地から開始された〔滝島 二〇〇三〕。市街地に対しては、江戸時代には年貢が賦課されていなかったからである。市街地地券には地価が記載され、その地価の一％の税率で徴税が始まった。地券は旧武家地にも旧町人地にも発行され、近世都市の武家地・町人地という区分は消滅した。

次いで地券発行政策は農村部にも拡大する。一八七二（明治五）年二月二四日、大蔵省は「地所売買譲渡ニ付地券渡方規則」を発し、土地の売買が成立した際には、その都度、対象となった土地に、その売買価格を記入した地券を発行するよう命じた。さらに、七月四日には、大蔵省は、売買の有無を問わず、すべての土地へ地券を発行するように命じた。そして、大蔵省は、各府県に一〇月中に地券発行作業を完了するように、との急速な事業の進展を要求した。ただし、農村部での地券発行（「郡村地券」）に関しては、土地の面積や地価は記入されるが、ただちにそれに応じて租税を徴収するわけではなく、まず所有者と地価額を確定することがめざされた。全国の土地に地券が発行されれば、それによって全国地価額の総計がわかるので、それを踏まえて税のかけ方を決めようという方針であった。

●壬申地券の失敗

しかし、結果的には壬申地券の発行は失敗に終わった。神田案をもとに大蔵省が立案した方針は、結局机上の空論であったのである。地券発行作業が始まると、全国の府県から、計画通りに作業が進まないという報告や問い合わせが、次々と政府に寄せられるようになる。

第一の問題は、従来の年貢額をそのままにして、地価だけを決定しようとしたことだった。一八七二（明治五）年九月二日に、浜田県から政府に寄せられた問い合わせでは、次のようなことが述べられている。「政府の指示では、年貢額は据え置いてまず地価を確定せよとのことである。しかし、現在の取引地価は現在の年貢額を前提とした、現在の収益に基づいて決まっている。土地だけをみれば生産性の高い耕地でも、そこに高い年貢がかけられていれば、それだけその土地から上がる収益は少なくなる。つまり、現在の年貢額を前提にする限りは、生産性は低いが年貢が安い土地が、生産性は高いが年貢も高い土地よりも、高い地価が付く可能性がある、果たしてこのような調査に意味はあるだろうか」。大蔵省は、「必ずしも無駄ではない」という回答を返すのが精一杯であった。

第二の問題は、土地の場所・面積・所有者を確定することがそれほど簡単ではないことだった。土地の位置や面積については、近世以来その村が管理している検地帳などの帳面を基準にするというのが大蔵省の方針だった。これに対して、一八七二年一一月七日、福岡県は政府に「検地帳と、現在実際に持ち主であると言われている人を比較しても、八割から九割は一致しない」という趣旨の報告をしている。

近世の村で、土地の帳簿が現状と一致しなくなることはしばしば生じた。村請制のもとでは、領主にとっては村単位で土地が把握できていれば問題はなく、土地の帳簿が現状と一致しなくとも、当事者たちの間で問題が生じなければ放置されてきたからである。しかし、すべての土地に地券を発行するとなると、そういうわけにはいかない。また、村請制のもとでは、土地の所有といっても、ある経営体の個別の土地片に対する権利は絶対的なものではなかったから、所有者が誰かという問題も簡単に決定できるものではなかったのである。（→第1章）［松沢 二〇一三a］。

●地租改正法と地位等級方式

結局、このような問題の多発によって、壬申地券発行方針は撤回に追い込まれた。一八七三（明治六）年七月二八日、あらためて**地租改正法**が公布され、実地調査を行い、収穫量から地租額を確定する方法が導入された。結局、所有者の自己申告だけで租税改革が可能であるという構想はついえた。

地租改正法が公布されて以降の地券発行作業は、土地の位置確定、番号付与、測量から始まり、それぞれの土地の収穫量を査定し、その収穫量からその土地の地価を確定して、地券を発行するという手順で実施された。この段階で発行される地券を壬申地券と区別して**改正地券**と呼ぶこともある。壬申地券の際の、できるだけ手数を省いて地価を確定するという構想に反し、この作業は、各地で実施の担当者となった村の役人たちの、膨大な労力を費やして実施された。

特に問題となったのは、地価の確定に直結する収穫量査定である。一つ一つの土地の収穫量を個別に査定するのは不可能なので、多くの場合、何らかのかたちで土地を相互に比較し、それぞれの土地を地味に応じて相対的な等級に振り分け、等級ごとに地価を決定してゆく方式（地位等級方式）がとられた。地位等級方式の政府側からみたメリットは、各等級に割り振られる単位面積あたりの収穫量を決めずに、まず相対的な上下関係を比較して等級を決めてしまえば、「この地域からこれだけの税を取る」という見通しに応じて、等級ごとの収穫量を後から決められることである。政府にとっては、全体として、地租改正によって旧年貢の収入よりも税収が減ってしまうことは望ましくない。まず先に地価を決めて、それを積み上げていった結果がどうなるかは予測できないが、先に等級を決めておけば、あとから予定税額を割り振ることが可能になる。

一方で、地位等級方式は、これまでの貢租負担の不均衡を、相互の土地を比較することによって均《なら》してゆくという効果ももつ。仮に、土地所有者が政府に払う税額の総額が変わらなかったとしても、それまで領主ごとに年貢率が違っていたり、地味の割には高い年貢を負担していたりというような負担の不公平は是正されることになる(5)［佐々木 二〇一六］。

地租改正の過程では、収穫量から地価を算出する際の換算基準となる米価の高下や、地価額をめぐって、政府・府県と住民の対立や、一揆が発生することもあり、一八七七（明治一〇）年には、政府は当初の税率三％を二・五％に引き下げざるをえなかった。しかし、ともかくも、地租改正が終了したとき、原則として民有の耕地・宅地にはすべて地券が発行され、地価が確定し、その土地の所有者が地価に応じた地租を納めることになった。この仕組みは、一つ一つの土地の所有者に納税義務を負わせるものであるから、村単位で責任を負わせる村請制は不要となった。近世の村の仕組みの基軸であった村請制は解体され、納税は土地所有者個人の責任となったのである。

二　地方制度の変化

●「大区小区制」

村請制が解体されても、ただちに「村」がなくなるわけではない。地方行政の単位としての「村」は地租改正以後一〇年あまり存続する。

近世の村には、その代表者として、名主・庄屋などの村役人が置かれていたが、彼らは、明治に入ると**戸長**《こちょう》(6)などの役職名に改称された。近世の村役人がそのまま戸長に就任している例も多く、連続性が強い（以下の記述は、［松沢 二〇一三b］）。

一八七二（明治五）年以降、各府県では、その府県内を複数の大区、さらに大区内を複数の小区に分割する**大区小区制**がとられるようになった（図3-1）。第2章でみた、戸籍編製のために作られた「区」の機能も、この大区・小区が吸収していった。大区・小区には番号が付され「〇〇県第一大区第一小区」のように呼称される。ただし、地租改正が終了する以前は、村は依然として年貢村請の単位であり、村が消滅してしまったわけではない。複数の村が連合して「組合村」をつくって事務を処理する仕組みは近世でも一般的にみられるもので、むしろ「大区小区制」は近世の組合村の延長線上に位置づけることが可能である。また、「大区小区制」は全国で統一的な仕組みとして導入されたものではなく、府県によって、大区・小区の広さ、その役割、また設置される役職の名称などはまちまちであった。例えば、大区・小区の二層ではなく「区」の一層だけの県もあったし、「戸長」という役職は、小区の長を指している場合もあれば、村の長を指している場合もあった。全国的な制度が未整備のこの時期、地方官（府知事・県令）の裁量は大きく、同一の県でも制度の変更が行われることも稀《まれ》ではなかった。

図3-1 「大区小区制」の模式図

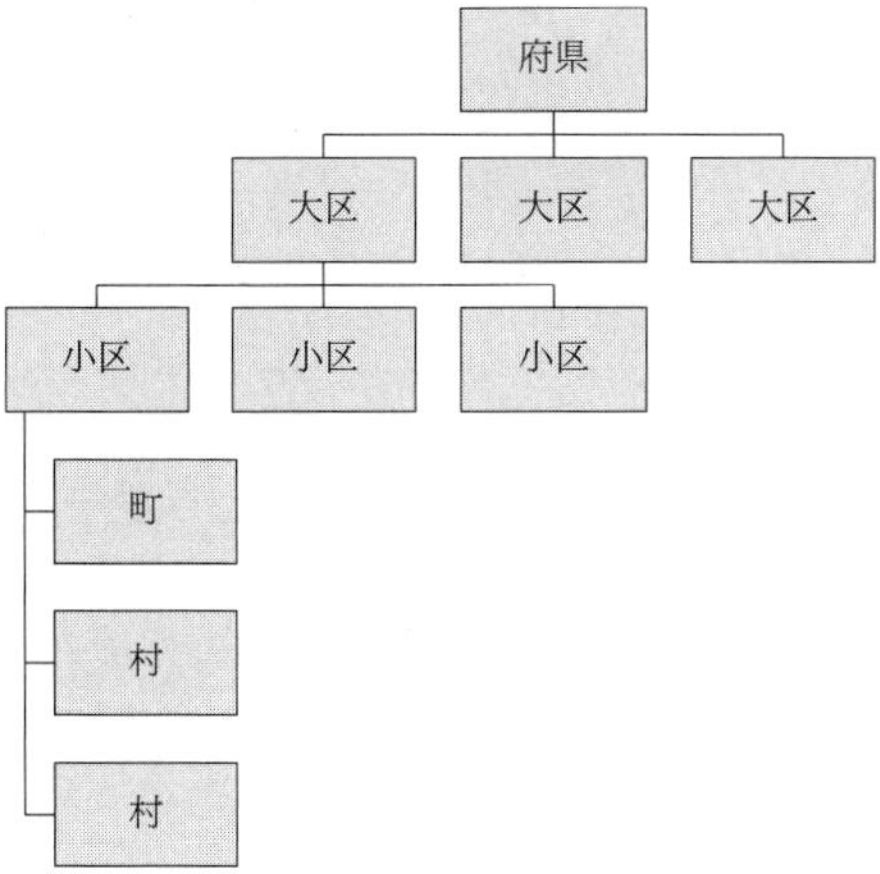

●地方三新法

一八七八（明治一一）年に、郡区町村編制法・地方税規則・府県会規則という三つの法令（「**地方三新法**」ないし単に「三新法」と呼ぶ）が公布されたことによって、各地でまちまちの制度は、府県－郡区－町村の三層に統一・整備される。府県に選挙で選ばれる府県会と、府県レベルの財源＝地方税が置かれ、府県会が地方税の予算を審議することになった。府県以下は、郡と、今で言えば「市」に当たる「区」に分けられ、郡・区のさらに下に町村が置かれた（図3-2）。戸長は原則として町村の長を指す

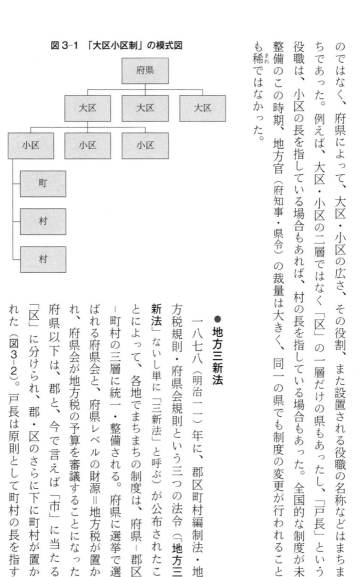

図3-2　郡区町村編制法による地方制度

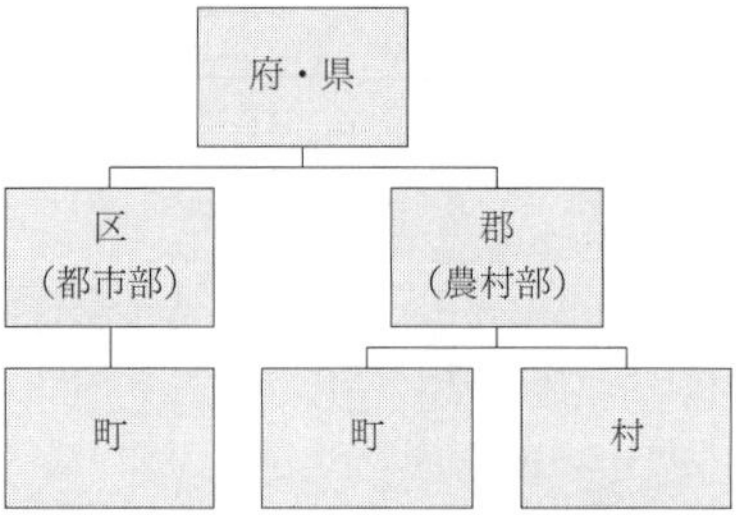

役職名となった（ただし、複数町村が連合して一人の戸長を置くことは認められた）。

しかし、三新法の施行と前後して地租改正が終了し、村の性格が変化したことによって、戸長の役割も変化した。すなわち、江戸時代の村役人が、村の年貢全体を一括して納入する責任を負っていたのに対し、戸長にはそうした責任はないということである。ところが、人々の意識はそのように簡単に変わらない。政府が、一八八二〜八三（明治一五〜一六）年に全国各地に状況視察のために派遣した「地方巡察《ちほうじゅんさつ》使《し》」が、東京に戻ってきて政府に提出した報告書「地方巡察使復命書」（国立公文書館所蔵）には、当時の戸長たちが直面していた問題が記録されている。その一人、渡辺清の復命書には、戸長は選挙で選ばれるので、住民に対して法令の施行を徹底できなかったり、住民から納税の立て替えを強いられたりしている、と述べている。

同じく地方巡察使の一人だった安場《やすば》保和《やすかず》の復命書には、より具体的に、制度改革の案が記されている。安場は、戸長の住民に対する立場は弱く、行政事務の遂行において困難を生じている、したがって戸長のなり手が不足し、戸長役場の事務が渋滞する、そのような事態を打開するためには、第一に戸長役場管轄区域を拡大して戸長の数を減らし、戸長の待遇を改善する、第二に戸長を官選にすることによって、有能な人物を戸長に採用する、以上の改革が必要である、と述べている。

渡辺清の復命書が指摘している、戸長の租税立て替えという現象は、村請制下の村役人による年貢の立て替えに似ている。しかし、戸長には、村請制の時代と異なり、そうしたことをする義務はもはやない。もし地租を払えない者がいれば、租税未納として差し押さえ、公売《こうばい》（競売）の手続きをとればよい。しかし、人々は村請制の時代の感覚にしたがって、租税が払えないと戸長に頼るのである。

同じ村に住み、以前と同じような生活が続いているとき、制度上の大きな変化は急に人の意識を変えることはできない。そこで、戸長は人々のこうした依頼を断り切れない。とはいえ、それは公には否定されている行為である。村請制の時代であれば、村役人の立て替え額があまりに大きくなり、年貢を納めることが難しくなれば、村役人は村全体を代表して、領主に年貢の減免を交渉することもできた。地租改正後には、戸長に求められる役割は、納税不能であれば公売処分を実施することであって、地租納入の立て替えをすることではない。戸長が立て替えの依頼を断り切れないならば、ひたすら戸長が私的にそれを負担し続けるしかない。こうして、戸長は「割に合わない」仕事になり、戸長辞職者が続出し、戸長のなり手が不足するのである。

●連合戸長役場制から町村合併へ

一八八四（明治一七）年、地方制度の改革が実施される。これまで、各村に一人ずつ置かれていた戸長を、複数の村で一人置くことにする。**連合戸長役場制**の導入である。村人と戸長の結び付きを断ち切り、戸長を村人から遠いところへ置く方策であった。ただし、この時点では「村」や「町」とい

図3-3　連合戸長役場制から町村合併へ

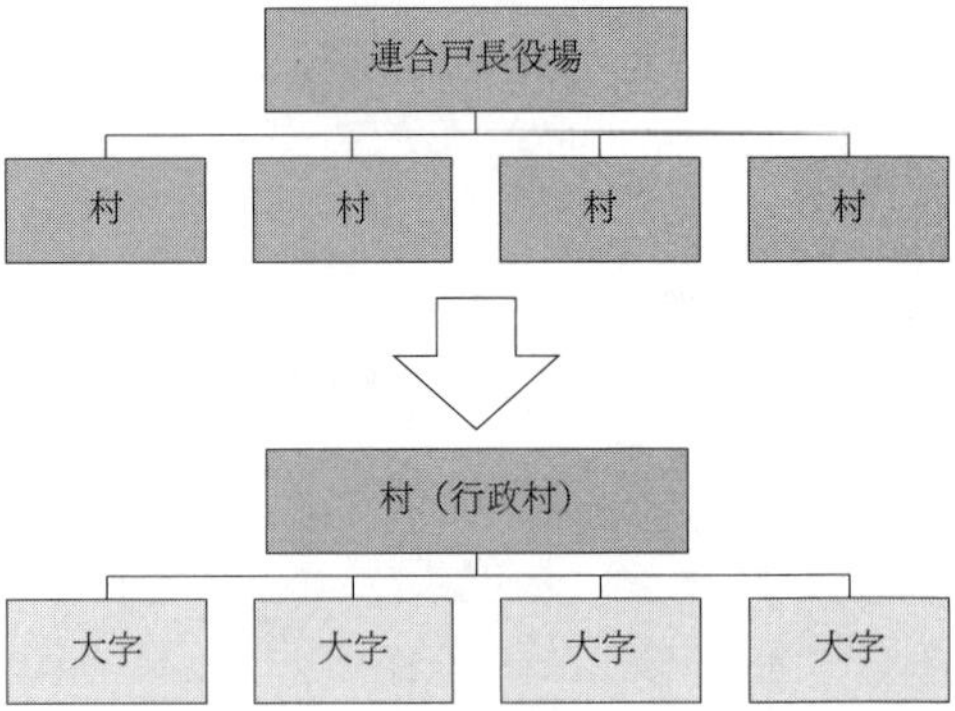

った単位は制度上残されている。一人の戸長が複数の村を管轄するようになるのである。

　この延長線上で、一八八九（明治二二）年、大規模な町村合併が行われる。町村数は四分の一〜五分の一に減少した。これを、一般的に「明治の（町村）大合併」と呼んでいる。連合戸長役場制と異なり、これまでの村はなくなり、新しい村が生まれるのである。歴史学上の用語として、この新しい村を、江戸時代の村と区別するために**行政村**と呼んでいる。江戸時代の村は**大字**《おおあざ》と呼ばれるようになり、新しい村の内部の単位となった（図3-3）。

　具体的な行政村と大字の例として、長野県埴科《はにしな》郡五加村《ごかむら》の場合をみてみよう。図3-4が五加村の地図であるが、北から、中、小船山、千本柳、内川、上徳間という五つの集落が存在していることがわかる。これらはいずれも江戸時代は独立した「村」で、「中村」「小船山村」などと呼ばれていた。五つの村の合併によって「五加村」ができると、それぞれ「大字中」「大字小船山」などという単位として、五加村の中に位置づけられることになったのである（図3-5。なお、「五加村」という名称は、「五つの村が加わってできた」というだけの理由で作られたものである。このような名称が採用されたのは、この村の合併に際しては、村の組み合わせをめぐって対立があり、特定の地名を村の名前にすることができなかったからである）［大石・西田 一九九一］。

●町村合併と被差別部落

町村合併は、被差別部落問題を顕在化させることにもつながった。近世の賤民集団は、身分集団と

図 3-4　長野県埴科郡五加村

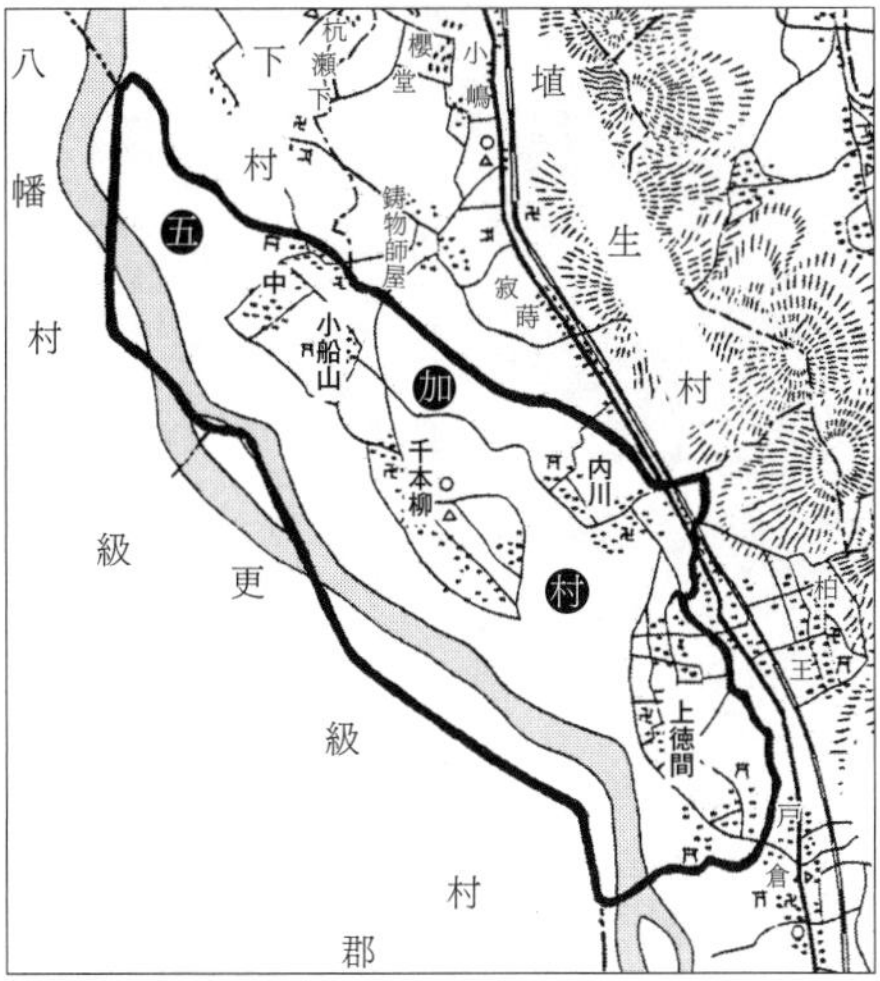

出典　［大石・西田 1991：巻頭地図］。

図 3-5　五加村と大字

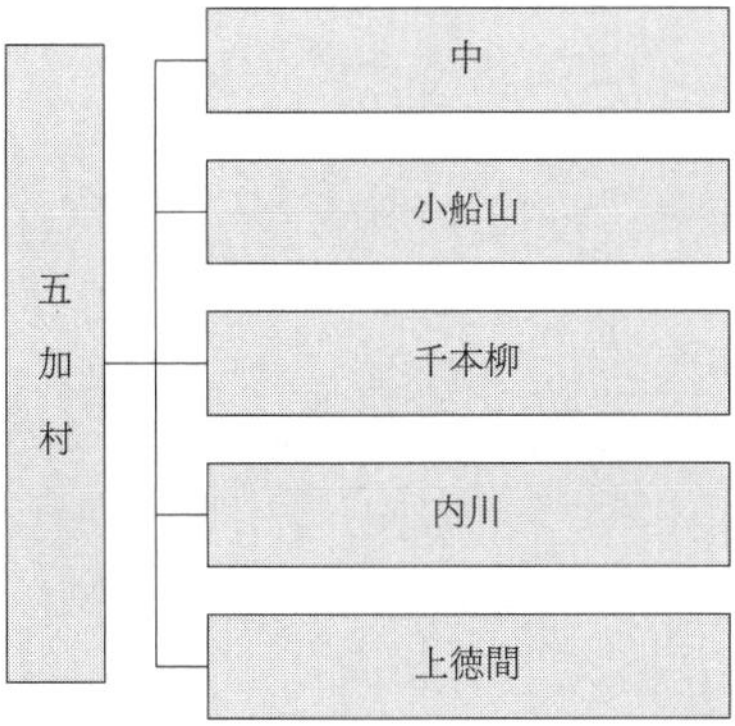

しては、一八七一（明治四）年の賤称廃止令によって廃止された。しかし、差別自体がそれによって消滅するわけではない。近世において、百姓・町人と賤民身分集団の関係は、それぞれ別個の身分集団どうしの関係であり、その接点は限られていた。しかし、身分集団の解体によって、国家との関係においては、両者は形式的に同じ位置に立つことになる。そこで、旧百姓・町人による、旧賤民への視線は、職能的に分離された身分集団としての賤視から、一つながりの空間に暮らす人々どうしの間に発生する差別へと、質が変化するのである。例えば、同じ地域に住む子どもが同じ小学校に通うという建て前は、小学校への旧賤民の通学を阻止する非・旧賤民側の動きとして差別を生じさせる［黒川 二〇二一］。

町村合併＝身分集団としての町村の最終的解消の過程は、こうした事態の集約点となった。一八八七（明治二〇）年に内務省が町村合併への準備として作成し、府県に配布された「町村合併標準」の中には、「旧穢多村」で、他の町村と「平和」の「合併」ができないものは、標準の定める戸数以下であっても合併対象としないという項目があった。実際の合併時にはこの条項は参照されなかったが、合併町村の組み合わせに際して、「旧穢多村」が貧困であること、または「民情」が異なることを理由に、その他の町村から合併を忌避される意見が出されることがあった［鈴木 一九八五］。こうした状況の中で合併が強行されると、旧賤民の集落は同一行政村内で差別的な扱いを受けることになり、また結果的に旧賤民の集落が単独の町村となった場合には、財政的な困難を抱えることにもなった［京都部落史研究所 一九九一］。

三　近世社会から近代社会へ

●「公私」の分離

第2章・第3章で述べてきた経緯を通じて、近世日本の身分制社会は解体された。近世身分制社会において、人間は、ある集団に所属し、その集団が幕藩国家から公認され、その集団に課せられる「役」を果たすことによって、その集団のメンバーとして社会の中に位置づけられた。身分は、本来的には職業と表裏のものとして設定されていたから、ある人間がある職業に従事することは、そのまま、政治権力がその人間を何者として把握するかということと密接不可分の関係にある。

これに対して、身分制社会が解体された近代社会では、政治権力は、個々の人間を、職業とは無関係に、ただの一人の個人として把握する。その人間がどのような職業に従事し、どのような生活を送るかという問題は、政治の領域から切り離され、それは諸個人の私的な領域となる。

政治権力が担うのは、それらの私的な諸個人の利益の上に立つ共通の利益、すなわち公共的な課題ということになる。諸個人の支払う租税は、こうした共通の利益のためのものとして位置づけられる。このように身分制社会の解体は、集団から個人を解き放つと同時に、政治権力と人々の関係を、公・私二元的に再編する。

こうした政治からの職業の独立は、近世社会における市場経済の位置づけと、近代社会における市場経済の位置づけを異なったものにする。
日本近世社会にも（あるいはそれ以前にも）、市場経済は存在した。しかし、市場で取引する人々は、何らかのかたちで政治権力に公認された集団の一員であった。例えば、近世社会において、年貢米の集散地となった大坂の米市場が、複雑な取引形態を発展させたことはよく知られている［高槻 二〇一二］。しかし、そこでの米の主たる売り手は大名であり、大名は単なる米販売業者ではなく、自身が政治権力の担い手である。近世社会の市場経済は、政治的な諸関係の中に埋め込まれて存在していた。

一方、近代社会では、市場参加者は政治から切り離された私人である。そして、政治権力が職業のあり方に介入しないとすれば、人々が生活を成り立たせていくためには、私人どうしの合意、つまり契約によって商品（労働力を含む）を売買することが不可欠となる。こうして、私的領域の中心には市場が位置づくことになる。

●新しい社会集団へ

第2章・第3章でみてきた通り、法のレベルでの近世的社会集団の解体は多分に無計画的なものであったがゆえに急激であった。したがって、人々は、それまで属していた社会集団から放り出され、政治の制約から解き放たれた市場経済の中に投げ込まれる経験をすることになった。いわば、これまで属していた「袋」が破れてしまう現象が起こったのである。

しかし、法のレベルで人々が集団から解放され、それぞれの生き方が私的なもの、つまり政治権力の意思とは無関係に選択できるものになったとしても、人々が実際に、他人とは無関係にばらばらに暮らすようになるわけではない。

第一に、近世社会において経営の基本単位であった「家」経営体は、近代においても依然として生産・流通・消費の主要な担い手であった。戸籍法はその名の通り、剝《む》き出しの個人ではなく、従来の「家」を再編し、「戸」として登録するものであった。「袋」が破れたときにそこから投げ出されたのは、実際には諸個人ではなく、こうした「家」経営体であった。

第二に、従来の社会集団を失った人々は、公的領域から切り離された私的領域の中で、従来の社会集団の枠を用いたり、あるいは新しい社会集団を作り出したりしながら、近代社会に適合的な社会集団のあり方を模索することになる。

以下、本書で扱われるのは、新しい状況に直面した人々が、「家」をよりどころとし、同時に「家」に縛られながら行った模索の過程と、それによって作り直された社会集団の姿である。

注

(1) 近世の検地は、太閤検地以降、近世の初頭に一通り全国で実施され、その後も個々の領主によって部分的に検地のやり直しが行われたが、それによって石高を改定することは増税につながるので、住民は検地を忌避した。そのため、近世後期には検地はあまり行われなくなっていた。

(2) 現在の島根県の一部に存在した県。現在の府県境界にほぼ近いものができあがるのは、一八七六(明治九)年のことで、それまでの廃藩置県から数年間は県の分離・合併が頻繁に行われたため、現在は存在しない名称の県が多数存在する。

(3) 地租改正資料刊行会編『明治初年地租改正基礎資料〔改訂版〕』上巻、有斐閣、一九七一年、一四頁。

(4) 同右、九三頁。

(5) ただし、地租改正の進行した時期が全国各地で異なっていたこともあり、全国的にみれば地価が相対的に高い地域と低い地域があった。この不均衡はのちに「地価修正問題」として政治的争点となる。

(6) 戸長の「戸」は戸籍の「戸」で、元来は戸籍法施行にともなって、戸籍を編製する担当者として任命されたが、のちに行政一般を担当するようになる。

■もう少し勉強したい人のために

松沢裕作『町村合併から生まれた日本近代――明治の経験』講談社選書メチエ、二〇一三年b。

明治前半期の地方制度の変化は複雑であるが、本書では、近世的な「モザイク状の世界」から、近代的な「同心円状の世界」(個人が、市町村－府県－国家という積み重なった空間に所属する世界)への変化として、それを整理することを試みた。

佐々木寛司『地租改正――近代日本への土地改革』中公新書、一九八九年。

地租改正の性格をめぐっては戦前以来の長い研究史と論争があるが、地租改正を近代的な土地・租税制度の確立とみる立場（これと対立する立場が、地租改正の結果を「半封建的」な土地・租税制度とみる立場である）から、各地の地租改正の実施過程を通観している。

□その他参照文献

大石嘉一郎・西田美昭編『近代日本の行政村――長野県埴科郡五加村の研究』日本経済評論社、一九九一年。

京都部落史研究所編『京都の部落史二　近現代』京都部落史研究所、一九九一年。

黒川みどり『被差別部落認識の歴史――異化と同化の間』岩波現代文庫、二〇二一年。

佐々木寛司『地租改正と明治維新』有志舎、二〇一六年。

鈴木良『近代日本部落問題研究序説』兵庫県部落問題研究所、一九八五年。

高槻泰郎『近世米市場の形成と展開――幕府司法と堂島米会所の発展』名古屋大学出版会、二〇一二年。

滝島功『都市と地租改正』吉川弘文館、二〇〇三年。

福島正夫『増訂版　地租改正の研究』有斐閣、一九七〇年。

松沢裕作「壬申地券と村請制」『社会経済史学』七八巻四号、二〇一三年a。

松沢裕作『明治地方自治体制の起源――近世社会の危機と制度変容』東京大学出版会、二〇〇九年。

第4章

文明開化・民権運動・民衆運動

▼移行期社会の摩擦

一　文明開化——新たな秩序構想

●欧米モデルの採用

第2章・第3章でみてきた通り、一八七二（明治五）年から七三年にかけて、身分制的社会秩序は急激に崩壊し、これに代わる社会秩序の構想が早急に求められる状況が生じた。この段階で、その新しい秩序の有力な選択肢として、欧米型近代社会・近代国家の建設が浮かび上がってくる。もちろん、開国をもたらした欧米諸国は、幕末以来、モデルの一つであったが、新政府の成立時点で、欧米型社会がめざすべき目標として共有されていたわけではない。国学的な思想の影響で政治運動に参加した者もいたし、中国由来の儒学的統治理念も強力であった。

しかし、旧秩序が、半ば無計画的に成り行きで崩壊してしまったとき、当時の世界で、軍事力と富の蓄積という点で、すでに「成功」の実績をもつ欧米諸国のモデルを輸入することが、最有力のポスト身分制社会構想となる。

この時期の政府や府県庁は、しばしば、人々の習俗に入り込んで、その生活を統制するような法令を発した。典型的なものは、裸体あるいは半裸で働いたり、往来で行水をしたりするという、江戸時代には一般的であった習俗を禁止する条項を含む、**違式《いしき》註違《かいい》条例《じょうれい》**と呼ばれる、現在であれば軽犯罪を罰する規則に相当する法令である。この法令は一八七二（明治五）年一一月に東京府から出されたのが最初で、翌年、政府から各府県に条文のモデルが提示され、各府県は適宜条文を取捨選択・追加して管内に施行した。欧米人の視点からみて、これらの習俗が、「文明」的ではない、「野蛮」なものとして映った、あるいは映るであろうという危惧がこうした法令の背景にはあった［牧原 二〇一九］。

●地方有力者の動向

地方には、こうした政府や府県からの呼びかけに呼応する人々がいた。それは、近世以来、地域の秩序維持に責任を負っていた村役人層であり、当時は区長・戸長といった役職に就いて、新政府の改革を実際に遂行する立場にあった人々である。彼らもまた、地域の安定のために、新たな秩序構想を必要としていたのである［鶴巻 一九九一、一九九八］。

神奈川県第八区（現在の東京都町田市など多摩地域南部。当時多摩地域は神奈川県の管轄であった）で、一八七四（明治七）年一月に各村の代表者が連署して結ばれた規約「集議協同書」は、次のような内容のものであった〔鶴巻 一九九二〕。①紀元節・天長節など、国の祝日には国旗を掲揚し、天皇の恩義に感謝し、愛国の姿勢をみせること。②「開明進歩」の世の中であるので、無益な因習を廃止すること。特に、信者が集まって念仏や題目を唱える集まりや、寺社参詣のための組織（これらの集会や組織を総称して「講」と呼ぶ）は無益なので廃絶すること。③法令で定められた通り日曜日を休みとし、それ以外の従来の休日は休まないこと。④二月一五日を期限として、全員断髪すること。(1) 髪結職を廃止し、安価な「断髪職」を置くこと。⑤路傍《ろぼう》の石地蔵・庚申《こうしん》・観音などの石造物は、愚かな人々の迷信の産物であり、その維持のために費用がかかり、必要な出費が滞って、子どもたちが学校に行くのを妨げている。今後この類は、建立した人の自宅に引き取るか、寺でひきまとめて、橋や道標などの「有用」のものに転用する。⑥村の若者集団が、「夜遊」びと称して出歩くのは、風俗が悪化し、賭博などがはやる原因であるので、禁止する。

ここからは、伝統的な「講」や、路傍の石仏などの小さな信仰対象が「無益」なものであるとして禁圧の対象となっている。その「無益」の判断は、そのために費用がかかり、必要な支出に向けられるべき財源を圧迫しているという点からなされている。そして、それに対して必要度の高い支出先として挙げられているのは学校である。「学制」が公布され、「国民皆学」が謳《うた》われたのは一八七二（明治五）年のことであった。この時期、地域の区戸長層は、学制に基づく小学校を設立し、人々を「開化」に誘導することに熱意をかたむけていた（その現実については第11章を参照）。

●三極構造——政府・民権派・民衆

こうして、政府と地域の有力者たちは、欧米近代をモデルとして、それに向かって日本社会は「進歩」してゆくべきであるという理念を、ある程度共有するようになった。しかし、それが地域の有力者以外も含めたすべての人々に共有されるようになったわけではない。第3章では、地域住民が、村請制的慣習に基づいて戸長に租税立て替えを求め続けたことを示したが、従来の習俗の急激な変革に対して、住民が反発やサボタージュの姿勢を示すことも少なくなかった。こうして、欧米近代モデルを共有する政府・知識人・地域有力者と、民衆との間に断絶が生まれる。

一八七三（明治六）年一一月一六日に、熊谷県《くまがや》（現在の埼玉県西部と群馬県）の区長らは、県令に対して、学費の徴収の厳格化を求める意見書を提出した。その中で彼らは、次のように述べている。教育を盛んにすることは、国家にとって重大事業であるが、しかし、教育の費用を、教育が何であるのかを理解していない人民から徴収することは困難である。蒙昧《もうまい》な人民を治めるのには束縛が必要で、頑迷な人民に自由を与えるわけにはゆかない。ぜひ、県庁から人民に対し、学校の費用を納めないのは税金を納めないのと同様である、と命令してもらいたい［松沢 二〇〇九］。

このように、地域の文明開化を追求する地域の有力者たちは、県庁の権力に依存する傾向をみせることもあったのである。

一方、欧米近代モデルは、政府だけが統治に責任を負うのではなく、ある国家に属する人々が、全体として国家の興廃に関心と責任をもつべきであるという**国民国家**の理念を含んでいた。言い換えれば、政府や有力者は、民衆に「国民」となることを求めたのである。この理念のもとでは、政府から人々への一方的な統治の関係が否定される。それぞれが職能に応じた身分集団に属する近世社会では、政治権力もまた統治者身分のみがかかわる仕事であったが、それに代わるべき新しい秩序構想として、政府と地域有力者が選択した欧米近代型国民国家モデルでは、身分集団から解き放たれた諸個人は、それぞれが政治に積極的関心をもつことが求められることになる。人々の能動的な政治への関与によって、秩序を再建することこそが政府と地域有力者の期待だったのである。しかし、このことは、当然、従来政治にかかわってこなかった諸身分の人々に、政治参加への権利を付与することを意味する。政府は、欧米近代モデルを採用した以上、将来的に議会制を導入する必要性を理解していたが、自らが握っている権力を手放すことを望んではいなかった。ここに、議会制導入の時期（今すぐか、将来的か）をめぐる対立が、政府と知識人・地域有力者の間で発生する。これが、自由民権運動の背景となる。

このように、明治初期の欧米近代モデルの採用は、政府・民権派・民衆という三極の対立を発生させたのである［牧原 一九九八］。

二　自由民権運動

●結社の時代

一八七四（明治七）年一月一七日、前年の征韓論政変（明治六年の政変）で政府を追われた板垣退助《いたがきたいすけ》ら八名は、政府に、選挙によって選ばれる議会の開設、すなわち「民撰議院」の設立を求める建白書を提出した。いわゆる「民撰議院設立建白書」である。この建白書は、現在、権力を握っているのは、天皇でも人民でもなく、「有司」（官吏）であるという、**有司専制**批判を基調としていた。なぜ有司専制が問題かと言えば、有司の権力独占には根拠がなく、正統性に欠け、不安定だからである。民撰議院はそうした不安定な秩序を安定させる対策として提起されたものだった。民撰議院設立建白書は、「ポスト身分制社会」の政治原理を提示した宣言だったのである。こうして、参政権獲得をめざす運動、すなわち自由民権運動が始まる［以下、松沢 二〇一六］。

自由民権運動は、各地に結成された**結社**を単位として展開した。この時代は、民権運動を直接の目的とするもの以外にも、結社をつくることが盛んに行われた時期であった。結社は、藩や村のように、生まれたそのときから、当人の意思とは無関係にその構成員になるような団体ではなく、人々が自発的に組織を立ち上げ、あるいは参加するような組織である。明治初期の結社の目的や結び付きのきっかけは多様で、勉強会・読書会のような学習を目的とするものや、農業の改良のような経済的利益の実現を目的とするものもあった〔色川 一九八一〕。特に勉強会・読書会的な結社と、民権運動結社とのつながりは強い。

この時期、結社が盛んにつくられたのは、身分制が解体し、所属すべき「袋」（→第1章）を人々が失ってしまった時代に、人々が新たな拠り所を求めた結果である。例えば士族であれば、これまで所属していた藩が解体されてしまった後、どのようなつながりの中で生きていけばよいのかという模索の中から、旧藩士たちが結社を立ち上げる。そうした結社の目的の中には、新時代に適応するための学習活動も含まれるし、生き延びるための経済活動も含まれるわけである。

●さまざまな結社

そうした士族結社の代表的なものが、板垣退助に連なる高知県の士族たちが結成した「立志社」である。一八七四（明治七）年四月、立志社が発表した「趣意書」は、政府は江戸時代の「封建」（諸大名が各地方を領有し統治すること）を廃し、「郡県」（中央から派遣される官吏がそれぞれの管轄地を統治すること）の制度を創出したが、そのような新しい仕組みを支える人材はまだ存在していない。農・工・商の三民は江戸時代以来の卑屈さをひきずっており、士族だけが政治にかかわるための知識と意欲を維持しているが、藩の消滅によって士族さえもそれを失いつつある。そこで、士族と農・工・商の垣根を越えて、政治への知識と意欲を守るための組織として立志社が結成されたことを述べている。

ここにみられるのは、身分制社会の解体と、新秩序の未形成という状況認識である。こうした中で、新たな秩序形成をめざすための結社が構想されているのである。ただし、その中で士族の優位性が強調される。職を失った士族が生き延びることは、彼らにとって切実な課題であり、実際に初期の立志社は、士族の生計維持のための経済的事業を盛んに行っていた。士族こそが来るべき国家の担い手としての精神を保持しているという理屈は、そうした彼らの活動と表裏一体のものであった。

立志社のような旧藩単位の結社と別のタイプの結社が、都市知識人の結社である。彼らも多くは士族であったが、それぞれの出身地を離れ、都市で政府の役人や、学校の教師や、ジャーナリストとして生きることを選んだ都市知識人であり、その活動のあり方自体が身分制社会の解体によって可能となったような人々である。こうした結社の中で有力なものの一つに「嚶鳴社《おうめいしゃ》」がある。嚶鳴社の前身は、一八七四（明治七）年、司法省の官吏・沼間守一《ぬまもりかず》が、同僚の河野敏鎌《こうのとがま》らと開いた「法律講習会」であった。沼間はヨーロッパへ視察におもむいた際に、その地での言論活動の活発さに感銘を受け、帰国後、演説・討論の場として設けたのが、この法律講習会であった。法律講習会は一八七七年に嚶鳴社と改称し、沼間のほか、やはり政府の官吏である島田三郎《しまださぶろう》、田口卯吉《たぐちうきち》らが参加した。この会は一般に公開され、演説、討論、講演などが行われた。嚶鳴社の活動の中心は演説会にあった。演説会は、都市知識人結社が広めた新しい政治文化であった。

嚶鳴社の性格で注目すべきことは、それが政府の官吏たちの活動として始まり、民間のジャーナリストや代言人（弁護士）、教師などを巻き込むかたちで成長していったことである。この時期の政府官吏たちと民間知識人たちの間には、欧米近代モデルの社会をめざすという点では、大枠の合意があったことを示している。しかし、政府は次第に官吏の結社参加に警戒感をもつようになり、一八七九（明治一二）年に、官吏の演説会参加を禁止した。これがきっかけとなって沼間守一は政府の職を辞している。都市知識人結社と政府の断絶が決定的になるのは、一八八一年の、いわゆる「明治一四年の政変」によって、大隈重信《おおくましげのぶ》に近く、民間結社と関係の深かった官吏たちが政府を追われて以降のことである。なお、嚶鳴社は一八七九年から八〇年にかけて憲法案を作成し、この案は広く流布した。いわゆる私擬憲法の一つとしてよく知られる五日市憲法草案も、嚶鳴社案をもとに、神奈川県西多摩郡五日市町（現在の東京都あきる野市）を拠点としていた学習結社でつくられたものである。

●結社連合から「私立国会」へ

立志社は、全国の結社の連合組織をつくろうとした。それが、一八七五（明治八）年二月に大阪で結成された愛国社である。愛国社結成大会に参加した多数は立志社を中心とする四国の結社で、東日本からの参加者はなかった。かつ、この時期、立志社指導部の板垣退助・後藤象二郎《ごとうしょうじろう》らは、自分たちが政府に復帰する望みを捨てておらず、実際、愛国社を結成した後まもなく、板垣らは一時的に政府に復帰している（その年のうちに再び辞職）。

運動の転機となったのは一八七七（明治一〇）年の西南戦争において、西郷軍が政府軍に敗北したことだった。当時、西郷と板垣は、ともに、出身地で旧藩士族集団を傘下にもつという点でよく似た状況に置かれており、政府を軍事力で脅《おびや》かす可能性をもつ集団であった。実際、立志社の一部には西郷軍に呼応する動きがあったが、この計画は頓挫《とんざ》して関係者は逮捕された。西郷軍に勝利したことによって、政府は立志社を、軍事的脅威として感じる必要がなくなった。ここで立志社は再び全国の結社を連合させる愛国社の運動に力を入れることになり、一八七八年、愛国社の再興大会が開かれた。一方、脅威とはみなされなくなった分、このころから政府の民権運動に対する弾圧も厳しさを増すようになる。

立志社が主導する愛国社と、都市知識人結社は対抗し合う関係にあった。都市知識人結社が、政府と協力しつつ憲法制定・国会開設をめざしていたのに対し、愛国社系の民権家たちは、一八八〇（明治一三）年ごろから、**私立国会**の設立をめざすようになる。私立国会とは、政府が国会を開かないならば、下からの積み上げによって自主的に国会を開くことを指しており、そうした私立国会は、新たな憲法を制定する場として予定されていた。

「私立国会」論は、身分制社会の解体後に現れた結社が、全国的な連合組織をつくり、それをそのまま新しい社会秩序の担い手へと転化させようとする試みであった。いわば、旧秩序の解体後に、実際に「社会契約」を結んで新しい秩序を立ち上げようという計画である。

この「私立国会」路線は、各結社が、それぞれの地域の過半数の同意を集め、それを糾合して全国民の過半数の賛同を得ることによって開かれることが予定されていたが、そもそも「過半数」の基準がはっきりしないうえに、各結社が、それぞれ地域の多数をそうした運動に巻き込むことは容易ではなかった。こうして過半数の同意が達成されないうちに、明治一四年の政変に際して、政府が一〇年後の国会開設を約束する勅諭を出したことによって、「私立国会」路線は頓挫してしまう。

愛国社系運動家は自由党、都市知識人結社系統の運動家は立憲改進党とそれぞれ政党を形成する。「私立国会」論の挫折後、運動の方針を失った自由党は迷走し、資金の枯渇もあって、一部の活動家が政府要人の暗殺計画や広域蜂起計画に向かうものの、政府に事前に察知されて未遂あるいは小規模な蜂起に終わり（激化事件）、一八八四（明治一七）年に解党した。立憲改進党は、地方三新法（→第3章）で開設された府県会を舞台とした活動を展開しようとするが、政府は府県会規則の改正で府県会議員の運動を制限したため、その運動も行き詰まった。こうして、一八八六年以降、ヨーロッパでの憲法調査を経た伊藤博文《いとうひろぶみ》を中心に、政府によって憲法制定に向けた作業が進められることになる。

三　負債農民騒擾

●松方デフレと負債農民騒擾

さて、本章第一節でふれたように、民衆の多数は、政府や民権派とは異なり、欧米近代モデルの理念を共有していたわけではない。民衆にとっては、近世社会の解体によって社会が流動化し、経済的にも不安定な時代をどのように生き延びるかが重要であった。

こうした問題が表面化したのが、一八八一（明治一四）年に始まる松方財政によるデフレーション、いわゆる松方デフレ期であった。松方デフレ以前のインフレ期に、特に輸出産業である養蚕業に従事する農家の中には、借金によって経営規模を拡大しようとする者もいた。このとき、土地を担保として差し出し、金を借りることになるが（→第1章）、松方正義《まつかたまさよし》の大蔵卿就任によって、財政政策が急転換し、一転して景気がデフレに転じたため、借金が返せなくなったのである。借金が返済できなければ、担保となっている土地は、債権者の手に渡ることになる。こうした状況に置かれた負債農民は、債権者や府県・郡役所などに、返済の猶予や、長期（三〇年や五〇年）にわたる年賦払いでの返済、いったん質流れになった土地の返還などを求める運動を起こした。これを**負債農民騒擾《そうじょう》**と呼んでいる。

負債農民騒擾の中には、少人数が一時的に集まって債権者と交渉したという小規模なものから、武装蜂起にいたった一八八四（明治一七）年一一月の秩父事件のような大規模なものまで、さまざまなものが含まれるが、一八八三年から八五年の間に、全国で少なくとも六四件の記録が、現在まで残されている。実際には、これを上回る件数であったと思われる。時期をみると一八八四年に四五件が集中している。この年はデフレによる不景気が最も激しかった年である。地域別にみてみると、群馬県、埼玉県、神奈川県、静岡県で比較的多数の事件が起きている。これらの地域で養蚕業が盛んであったことが背景にある〔稲田 一九九〇〕。

●武相困民党事件

大規模な負債農民騒擾としてよく知られた事件として**武相困民党事件**（「武」は武蔵国、「相」は相模国の頭文字）がある〔鶴巻 一九九二〕。この事件は、現在の神奈川県および東京都多摩地域で展開した一連の負債農民騒擾である（当時はすべて神奈川県域）。なお、「困民党」というのは必ずしも自称ではなく、当時の新聞記者らが負債農民騒擾を呼ぶ際に用いた他称である。また「党」といっても政党のような恒常的組織をもつわけではない。

この地域の負債農民は、当初、金融機関や商人など、債権者が集中していた八王子周辺で集会を繰り返した。当時の新聞記事によれば、一八八四（明治一七）年八月一〇日に開かれた集会では、集まった農民は千人あまり、農民たちの要求内容は、借金の返済の五年間猶予、五〇年賦返済、すでに債権者の者となった土地も五〇年賦で買い戻す権利を認めよ、というものであった。駆け付けた警察官は、多人数で八王子に押し掛けるのではなく、代表者を選び個別に債権者と交渉するように農民たちを説得し、これに応じてこの集会は解散した。

この後、運動は農民の代表と債権者の交渉に移るが、債権者は農民の要求を拒否し、農民と警察の衝突による逮捕者も出始める。農民と債権者の間に入る仲裁人の活動もあったものの、債権者側の提出した妥協案は農民たちの要求からかけ離れたもので、仲裁活動は失敗に終わった。

農民たちの代表は、今度は神奈川県庁に嘆願を行うが、逆に県令から、運動の組織を解散するように説得されてしまう。行き詰まりを感じた一部の農民たちは県庁所在地である横浜に向かってデモ行進を行おうとし、警察に鎮圧される。そして、指導者たちも次々と逮捕され、一八八五（明治一八）年の初めごろには、この地域の負債農民の運動は壊滅した。

農民たちの要求は、第1章でみたような無年季的質地請戻し慣行に類似している。しかし、こうした慣行は、村請制という近世社会の仕組みを前提としたものだった〔↓第1章〕。村請制の解体後に、このような要求を行ったとしても、それが受け入れられる余地は少ない。不況時であればなおさらである。このように、近世的な慣習に基づいて生活維持を図ろうとする民衆の要求は、身分制社会の解体後には債権者には受け入れられないものになっていた。また、こうした民衆の論理は、所有権や営業の自由が保障される欧米近代モデルの社会をめざす民権家の思想とも異なるものだった。

●秩父事件とユートピア願望

ただし、民権運動と負債農民騒擾が共振する余地がなかったわけではない。そうした観点から注目されてきたのが**秩父事件**である〔藤野 二〇二〇〕。秩父事件の要求事項は他の負債農民騒擾と同様、債務返済の延期を求めるものであるが、大規模な武装蜂起に踏み切った点で、他の事件とは隔絶している。そうした蜂起にいたったきっかけとして、運動の組織者に自由党員が存在しており、蜂起した人々は、「板垣公」や「自由党」が自分たちの苦境を打開してくれるに違いないと考えていたことが指摘できる〔安丸 二〇一三〕。実際には、秩父で蜂起が起きた一八八四（明治一七）年一一月には、自由党はすでに解党を決定していたのだから、これは一種のユートピア幻想である。しかし、不安定な時代に安楽で安定した将来を待望する民衆の期待と、「私立国会」論のような、新しい社会秩序を自分たちの手で作り上げるという愛国社―自由党系運動家の論理が共振し、民衆のユートピア実現の希望が民権運動に投影されることは、他の地域（秋田県の「秋田立志社」、愛知県・岐阜県の「愛国交親社」

〔長谷川 一九九五〕でも確認できる。民権運動と、負債農民騒擾のような民衆運動は、身分制社会の解体状況という不安定な時代に生まれた運動という点では、共通の土壌をもっていたと言えよう。

注

（1） 断髪については、違式詿違条例では理由なく女性が断髪することが禁止されており、男女の間で対応が異なっていた。

■もう少し勉強したい人のために

藤野裕子『民衆暴力――一揆・暴動・虐殺の日本近代』中公新書、二〇二〇年。

日本近代史の中から、民衆が暴力を振るう場面をとりあげ、その歴史的な特質を描写している。第二章が秩父事件の叙述にあてられており、民衆運動史研究の簡潔なまとめともなっている。

牧原憲夫『客分と国民のあいだ――近代民衆の政治意識』（ニューヒストリー近代日本1）吉川弘文館、一九九八年。

本章で述べたような、この時期の民権運動・民衆運動を三極構造でとらえるべきであるという主張は、この本の著者の主張に基づく。精彩に富んだ叙述で国民国家形成期の社会を描き、近代日本社会史研究ではもはや古典的な地位を占めている著作である。

松沢裕作『自由民権運動――〈デモクラシー〉の夢と挫折』岩波新書、二〇一六年。

近世身分制社会の解体期という時代の条件から自由民権運動の説明を試み、民衆運動史研究の成果を踏まえた自由民権運動史を提示した。

□その他参照文献

稲田雅洋『日本近代社会成立期の民衆運動――困民党研究序説』筑摩書房、一九九〇年。

色川大吉『自由民権』岩波新書、一九八一年。

鶴巻孝雄「近代成立期中間層の思想形成について」『歴史評論』四九九号、一九九一年。

鶴巻孝雄『日本の近代化と伝統的民衆世界――転換期の民衆運動とその思想』東京大学出版会、一九九二年。

鶴巻孝雄「教育、文明・国家、そして民権――明治前期中間層の秩序観」『人民の歴史学』一三七号、一九九八年。

長谷川昇『博徒と自由民権――名古屋事件始末記』平凡社ライブラリー、一九九五年。

牧原憲夫「文明開化論」藤野裕子・戸邉秀明編『牧原憲夫著作選集　下巻　近代日本の文明化と国民化』有志舍、二〇一九年。

松沢裕作『明治地方自治体制の起源――近世社会の危機と制度変容』東京大学出版会、二〇〇九年。

安丸良夫「困民党の意識過程」島薗進・成田龍一・岩崎稔・若尾政希編『安丸良夫集二　民衆運動の思想』岩波書店、二〇一三年。

第5章 景気循環と近代工業

▼資本主義の時代の到来

一 一八九〇年恐慌

●繰り返される恐慌

戦前日本の骨格を決めた大日本帝国憲法が公布されたとき、日本の領土上（ここでは北海道・沖縄・小笠原を含む）に居住していた人口は約四〇〇〇万であった。人口が五〇〇〇万を超えるのが一九一一（明治四四）年である。明治期日本は人口増加の時代であった。

このうち、有業者人口は、一八九〇（明治二三）年の推計値で、約二三〇〇万。農林業に従事する者が六七・九％、農林業以外の製造業やサービス業に従事する者が三二・一％。工場や官庁で働く者は有業者全体の二一・三％にすぎない［中村 一九七一］。「工場や会社へ働きに行く」というライフスタイルは少数派のものであった。

しかし、働き手の数から言えば農林業を中心とする社会であったからと言っても、当時の日本社会が自給自足の経済であったかのように想像するのは間違いである。

その一つの表れが、この時期から、現在につながるような周期的な景気変動がみられるようになったことである。明治の日本（一八六八〜一九一二年）は、一八九〇年（「明治二三年恐慌」）、一九〇〇〜〇一年（「日清戦後恐慌」）、一九〇七〜〇八年（「日露戦後恐慌」）の三回にわたり、物価の急激な低落と景気の悪化、つまり**恐慌**を経験した。このように、繰り返される景気変動は、資本主義経済の特徴であり、明治期の日本が、資本主義経済の動きによって、そのあり方を決められるような社会であったことを示している（以下、恐慌についての叙述は、すべて［長岡 一九七二］［高村 一九八〇］による）。

●企業勃興から一八九〇年恐慌へ

一八八〇年代前半は、「松方デフレ」による不景気の時期であった。その後、一八八六（明治一九）年ごろから景気は回復に向かう。政策的なデフレという荒療治によって、物価の下落、金利の低下が起こった。それは、一面では新たに事業を起こす際のコストが低下したということを意味する。この状況を利用して、新たに会社を設立し、新事業を起こそうという動きが生じてくる。これを**企業勃興**と呼ぶ。企業勃興をリードしたのは鉄道業と紡績業で、一八八一年に設立された日本鉄道と、八二年に設立された大阪紡績という二つの大企業が、この時期に成功を収めつつあったこともあって、一八八六年から八八年にかけて、新たな企業が次々に設立された。

こうした新設企業の多くは株式会社であった。会社の設立に必要な資本金は、特定の大資本家の出資というより、多数の株主から出資を募る株式会社形態をとった。

しかし、この時期、株式会社制度にかかわる法的な環境の整備は不十分だった。商法が施行されるのは一八九三（明治二六）年で、会社制度の基本となる法がないままに、会社設立ブームが起きてしまったのである。特に問題となったのは、規制のないまま、株式の分割払い込みが行われていたことである。株式の分割払い込みとは、額面株式のすべてを払い込まなくても株式が手に入る仕組みのことである。鉄道会社のように、路線の延長ごとに資金が必要となる企業にとっては有益な仕組みであったが、投資家の側からみると、額面の金額を全部準備しなくても株式が買えるので、投機的な投資が発生しやすい。

こうして、一八八〇年代末の日本では、株式投機ブームが起きた。五〇銭払い込みの株券予約証が五〇～六〇円で売れることさえあり、そうした投資を当て込んで、見込みのはっきりしない株式会社の設立が安易に計画されるという状況が生まれたのである。

銀行も株式担保貸付によって、この投機ブームを支えた。しかし、こうしたブームの状況では、払い込み期限が到来すると、資金需要が増大し、金融の逼迫《ひっぱく》、金利の上昇が起きる。図5-1にみえる通り、金利は、一八八八（明治二一）年下半期に騰貴した後、八九年に入ると下落し、八九年下半期に急騰して、九〇年前半にピークを迎えた。特に大阪での金利上昇が激しいのは、紡績業の中心が大

図 5-1　1890 年前後の金利動向

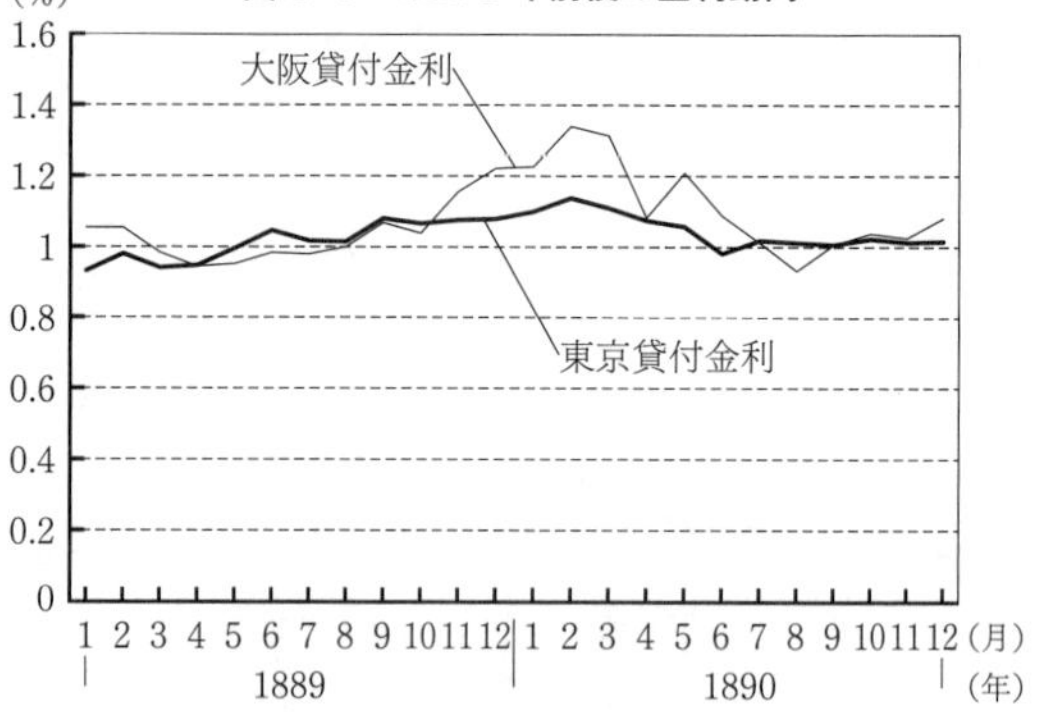

出典　［高村 1980: 7］に基づき，大蔵省『明治 30 年幣制改革始末概要』(1899 年),『明治 23 年日本銀行統計年報』(日本銀行調査局編『日本金融史資料　明治大正編　第 19 巻』1957 年) より作成。

阪にあり、紡績業での株式払い込み資金需要が増大したからである。

　金利が上昇すると、投資家は資金調達が困難になり、一部の投機的な株式の売買が破綻《はたん》する。一八九〇（明治二三）年一月七日、ある仲買人が支払い不能に陥ったことをきっかけに、株式相場が暴落した。これが、「一八九〇年恐慌」ないし「明治二三年恐慌」である。

　加えて、前年が凶作であったため、この年は米価が高騰していた。そのため、食費が家計を圧迫し、主食以外の商品が売れなくなっていたことも、不景気に拍車をかけた。

　一八九〇年恐慌は、日本経済が経験した最初の恐慌であった。このことは、鉄道や紡績工場の設立といった、資本主義的な経済活動が、資金の流れに影響を及ぼし、それによって景気の変動が引き起こされるような経済のあり方が、日本社会に形成されたことを意味していた。

二　日清戦後恐慌・日露戦後恐慌

●日清戦争賠償金と戦後の好景気

一八九〇（明治二三）年恐慌からの立ち直りは、紡績業が主導した。一八九二年には紡績業は活況を呈するに至る。しかし、一八九四年に日清戦争が勃発《ぼっぱつ》すると、戦費調達が経済政策の中心になり、景気回復は中断してしまう。

日清戦争では、日本政府は清から賠償金を獲得した。日清戦後、日本銀行(1)は、これをもとに貸し出しを積極化させ、金融が緩和された。

この時代、通貨は金や銀といった貴金属（**正貨**）によって、その価値を裏づけられていた。つまり、紙幣は中央銀行で一定量の金ないし銀と交換できるという保証があり、それによって流通していたのである。（金本位制ないし銀本位制）。したがって、中央銀行が発行できる紙幣の量は、その国が保有する金ないし銀の量に制限される（日本は一八九七年に銀本位制から金本位制に移行）。清からの賠償金を受け取った分、日本銀行はより潤沢な資金を市中に供給できるようになったのである。

こうして、民間に潤沢に資金が供給されることによって、一八九五（明治二八）年八月から九六年秋にかけて、再び会社の設立ブームが起きた（第二次企業勃興、日清戦後企業勃興とも呼ぶ）。

図5-2　1896～1900年の金利動向

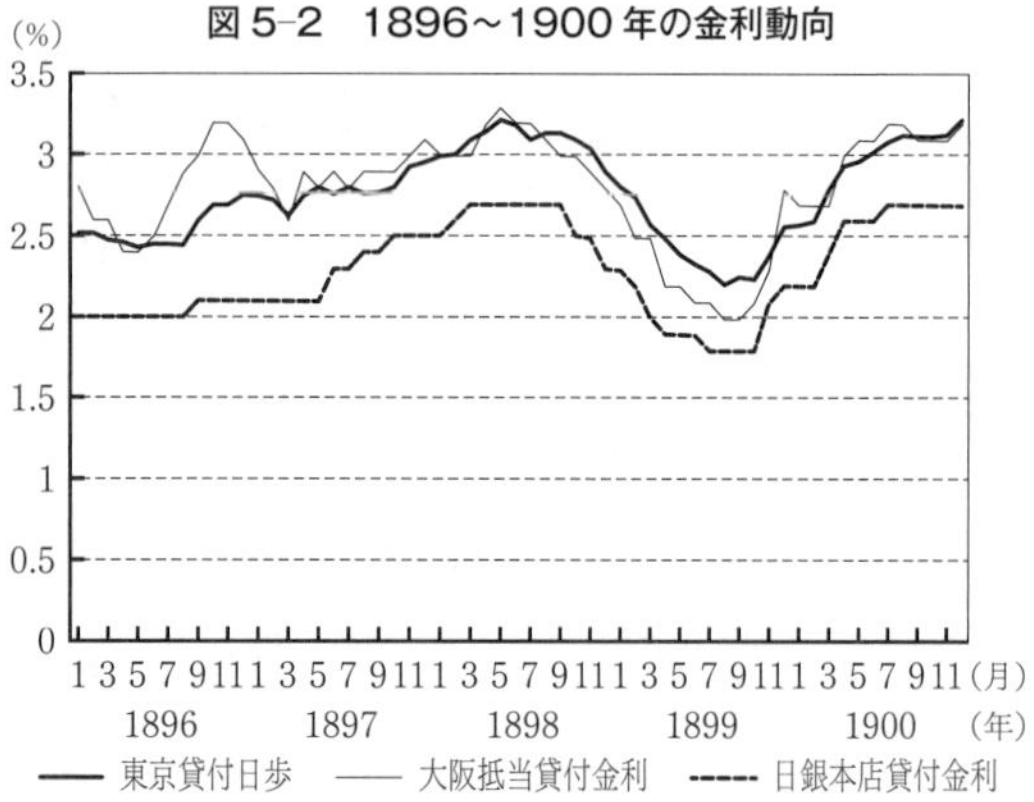

出典　［長岡 1971: 91］に基づき，『金融事項参考書』（大蔵省理財局，1912年）より作成。

●日本銀行の金融引き締めから恐慌へ

しかし、こうした企業設立ブームや、企業による設備投資の拡大は、やがて資金需要を逼迫させ、金利が上昇する。これに拍車をかけたのが、一八九七（明治三〇）年秋の凶作であった。凶作を補うために米が大量に輸入され、その代価として金・銀（正貨）が海外に支払われた。これによって日本銀行の正貨準備は減少し、日本銀行は金融引き締めに転じた。これによって金利は一層上昇した。図5-2からは、一八九七年七月以降日本銀行が金利を引き上げ、それに応じて市中の金利も上昇していることがみてとれる。

日清戦後の好況期に、紡績業は銀行による資金供給に多分に依存していた。特に運転資金（原料である綿花の購入に要する費用）は全面的に銀行に依存していた。金利の上昇は、銀行から運転資金を借り入れる費用の増加を意味するため、金利上昇は紡績業を直撃した。一八九八（明治三一）年上半期に、資金調達に行き詰まった紡績企業は、綿糸の投げ売りをはじめ、綿糸価格が暴落した（日清戦後第一次恐慌)。

日清戦後第一次恐慌は日本銀行の救済によって一時的に収束した。この時点では、賠償金によって資金にはまだ余裕があったのである。これにより一八九九(明治三二)年六月ごろから景気は回復した。しかし、賠償金を使い尽くすとともに再び金融が逼迫し、一九〇〇年三月、日本銀行の金利引き上げをきっかけに再び恐慌が起きた(日清戦後第二次恐慌)。

一九〇〇年に日本銀行が金利引き上げを行ったのは、輸入超過によって正貨が流出したためであった。つまり、紡績業が好況になることによって、綿糸の原料である綿花が、インド・中国から大量に輸入されるようになり(その中には投機的な買い入れも含まれる)、対外支払いが増大したのである。外国への支払いは、日本の紙幣ではなく、最終的には金銀で決済されるから、その分だけ日本の正貨蓄積は減少した。

金融の引き締めは、銀行の破綻《はたん》を引き起こした。ついで、銀行の破綻により、資金繰りに行き詰まる企業が出て、日本経済は全般的な不況に突入した。しかも一九〇〇(明治三三)年は世界的な恐慌も重なり、輸出産業である製糸業にも打撃が加わった。

日清戦後恐慌の影響は大きかった。紡績業者は申し合わせて操業時間の短縮を行った。小規模な紡績会社の淘汰が進み、紡績会社が合併し、大規模になってゆくきっかけとなった。大きな損失を被った鉄道業では、鉄道国有化への動きが起こった。

●外債募集と恐慌

日露戦後にも恐慌は起きた。一九〇四（明治三七）年から〇五年にかけての日露戦争では、賠償金は得られなかったため、日清戦後のような賠償金流入による景気拡大は起こらなかった。また、日露戦争は巨額の軍事費を投じて戦われた。その結果日本の正貨準備は不足した。

日露戦争期・日露戦後期の正貨不足は**外債募集**（国債・地方債・社債を海外で売ること）によって賄われた。一九〇六（明治三九）年六月、東京市事業公債が海外で募集完了したことが報じられると、外資が流入して景気が上向くとの予測から、株式投資ブーム、企業設立ブームが起きた（日露戦後企業勃興、第三次企業勃興）。中心となったのは電気鉄道と電力関連産業であった。投資の増大によって、一九〇七年一月に金融が逼迫し、株式相場が暴落したが、これは部分的で、すぐに相場は回復した。恐慌が本格化するのは、一九〇七（明治四〇）年一〇月にアメリカで株式相場が暴落し、これが各国に波及したことをきっかけにしている。日露戦後恐慌は世界的な恐慌の波及として本格化した点が特徴である。

この世界的な恐慌によって、アメリカ向け生糸輸出、中国向け綿糸輸出が激減した。製糸会社・紡績会社に対する銀行の貸し付けの返済が滞り、金融が逼迫し、金利が上昇した。世界的な恐慌状態は、欧米から外資を導入することも難しくしたため、資金不足は深刻化した。

一九〇九（明治四二）年に入ると金利は下落したが、不況状態は続いた。一九一〇年に入り、新たな外債の成立（これまでの外債をより安い金利のものに借り替える）が報じられると、鉄道・電気・ガスなどの部門で再び景気がよくなった(「中間景気」)。

しかし、「中間景気」は長くは続かず、一九一二(大正元)年九月には不景気に転じた。さらなる外債の実現が見込めなくなり、むしろ外債利払いの増大が見通される状況で、企業設立が相次いだことで輸入が増大したのである。

日露戦後恐慌→中間景気→その崩壊という一連の経過は、外債募集の成否に景気動向が左右されていたことを示している。日露戦後の日本は外資に依存する体質だったのである。

三　恐慌と人々の生活

●恐慌の原動力と影響

このように、一八九〇年代から二〇世紀初頭にかけての日本は、恐慌とそれに引き続く不景気、そして好況の循環を繰り返し経験した。そして、そのような景気の動きは、紡績業をはじめとする産業界の動向、その資金需要の変化、それにともなう利子率の変化といった金融界の動向によって引き起こされていた。このような変化は、**図序-1**の見取り図で言えば、右上の、近代工業・金融業セクターで起こる出来事である。

先ほど述べたように、工場や会社へ通勤し、そこで働き、賃金を受け取ってそれを糧としていた人々は、この当時の日本ではまだ少数である。しかし、景気変動が、工場で生産活動を展開する会社や銀行の動向によって引き起こされるとき、影響を受けるのは、そうした賃金労働者だけではなかった。

日清戦後第二次恐慌に向かう直前、一九〇〇（明治三三）年三月二六日の『東京朝日新聞』には、「経済界の前途、将来の不景気」と題した記事が載っている。そこでは、商品が倉庫に滞留し、不景気が近づいている予感が広がっていることが述べられたうえで、将来の景気動向について、二つの可能性があることが述べられている。

第一の可能性は、このような景気の沈滞ムードの中では、新規事業は手控えられ、やがてその影響は、「諸職工・労働者其他之に伴ふ小商人等」にも及ぶ。そのときには全面的な不景気が到来するというものである。これに対し、第二の可能性として記者が述べているのは、政府は財政支出を拡大しており、年々数千万円の資金が市中に散布されているので、「一般下層社会」にはそれなりにカネが落ちている。また、米価は昨年まで高かったので、農民の手元にもカネはある。したがって、彼らの「購買力」が衰えることはなく、不景気にはならないだろう、というものである。記者は判断を保留しつつも、どちらかと言えば不景気の到来の可能性が高いと予想している。

ここで注目しておきたいのは、記者が、不景気の影響は、「事業家」だけではなく、「諸職工・労働者」や、彼らを相手とする「小商人等」にも及ぶと述べていること、また、米価変動と農民の経済状況もまた景気動向に関係していると述べていることである。つまり、恐慌が起き、不景気が到来することの影響は、工場・会社の経営者、それに直接雇われている労働者にのみ影響を与えるばかりではなく、「小商人」、つまり自営業者にも影響を与えるし、農民もまた農産物市場を通じて景気動向と結び付いているということである。

●景気循環とともに生きる

一八九〇（明治二三）年以降、景気動向は、このようにして、日本社会に生きる人々の生活を巻き込み、その人生を左右するようになった。それは、人々の暮らしが、市場の動きに深く結び付けられるようになっていたためである。そして、その市場の動きは、産業界と金融界の動向、そして貿易によって左右されていた。工場と銀行に象徴されるこの部門が、人々の運命を決めていくようになるという意味で、この時期以降の日本は、資本主義経済の時代に入ったと言うことができる。

こうして、機械制工業と、それを支える銀行・株式市場といった制度が、日本社会に定着し、それが人々の生活を左右してゆく時代の変化を**産業革命**と呼ぶこともできる。一部の研究者は、一九世紀の経済的変化を緩やかなものとしてとらえ「革命」という呼び方に慎重な姿勢を示しているが、これまで述べてきたように、定期的な景気変動に人々が巻き込まれるようになったことの意味は、やはり大きいと言うべきだろう。日本における産業革命の時期は、こうした景気変動が常態化した一八九〇年ごろから一九〇〇年ごろのことと言ってよい。

注

（1） 一八八二（明治一五）年に設立。一八八五年から、銀と交換可能な日本銀行券を発行した。

■もう少し勉強したい人のために

武田晴人『日本経済史』有斐閣、二〇一九年。

産業史・財閥史研究などで知られる著者による日本経済史の概説書。本章で扱った時期の経済構造については第三章に記述があり、また経済史の視点から恐慌を論じることの意味について、「資本主義的恐慌の発生と産業革命」というコラムが掲載されている（一〇〇頁）。

長岡新吉『明治恐慌史序説』東京大学出版会、一九七一年。

恐慌史の古典的研究。マルクス経済学や日本経済史についての基礎知識のない読者にはやや難解かもしれないが、右の武田著などを参考に読み進めれば、この時期の景気循環のあり様を理解することができよう。

□その他参照文献

高村直助『日本資本主義史論――産業資本・帝国主義・独占資本』ミネルヴァ書房、一九八〇年。

中村隆英『戦前期日本経済成長の分析』岩波書店、一九七一年。

第6章 小農経営と農村社会

▼農家とその社会集団

一　地主－小作関係と小農経営

●小農経営

本章では、図序－1の見取り図の左上、農業セクターにおける社会集団のあり方をみる。

近代日本における農業の特徴の一つは、地主－小作関係の存在、すなわち地主制である。地主制とは、土地の所有者（地主）が、耕作者（小作人）に土地を貸して、小作人が農業を経営する生産の形態で、小作人は地主に「小作料」（田の場合は現物＝米であることが多い）を支払う。全耕地に占める小作地の割合、すなわち小作地率は、一八九〇（明治二三）年前後に四〇％に達し、以後四〇％台で推移した。これは、一八八〇年代の松方デフレ期に多くの農民が土地の所有権を失い、小作人になったためである。

農民の中には、経営する土地のすべてに所有権をもつ自作農や、一部の土地は自分のもので、一部の土地を地主から借り入れている自小作農、そして完全な小作農などのバリエーションがある。しかし、自作農・自小作農・小作農はすべて、**小農経営**であることが近代日本の農業の特徴である。小農経営とは、雇用労働に依拠せず、主として家族労働によって営まれる農業経営のことである。土地の所有者・農業経営者が、大規模に労働者を雇って農場経営をするような大農経営は、日本では定着しなかった。耕作規模（自分の土地であるか他人の土地であるかを問わない）でみると、一九〇八（明治四一）年の数値で、農家戸数のうち、〇・八町（一町は約九九a《アール》）未満を耕作するものが五八・二％、〇・八町〜一・五町が二五・七％、一・五町以上が一六・一％である。つまり八〇％以上が一・五町未満の土地を耕作していた［沢井・谷本 二〇一六：一六五］。

●地主‐小作関係の変化

ここで、時代を遡《さかのぼ》って、近世の地主‐小作関係を振り返ると、それは、単なる地主と小作人の私的な土地の貸借の契約ではなく、村請制によって、公的な性格を強くもっていた。

何度か述べてきたように、村請制のもとでは、年貢は村を単位に賦課される。そして、村内で年貢を負担するのは、その土地の所有者である。地主‐小作関係そのものは近世から一定程度広がっている。したがって、地主は年貢を支払って、そのうえで利益が残るだけの小作料を小作人からとらなけ

ればならない。つまり、

小作人→（小作料＋年貢）→地主→（年貢）→領主

となるわけである。

図6-1　村が小作料徴収に関与する場合の模式図

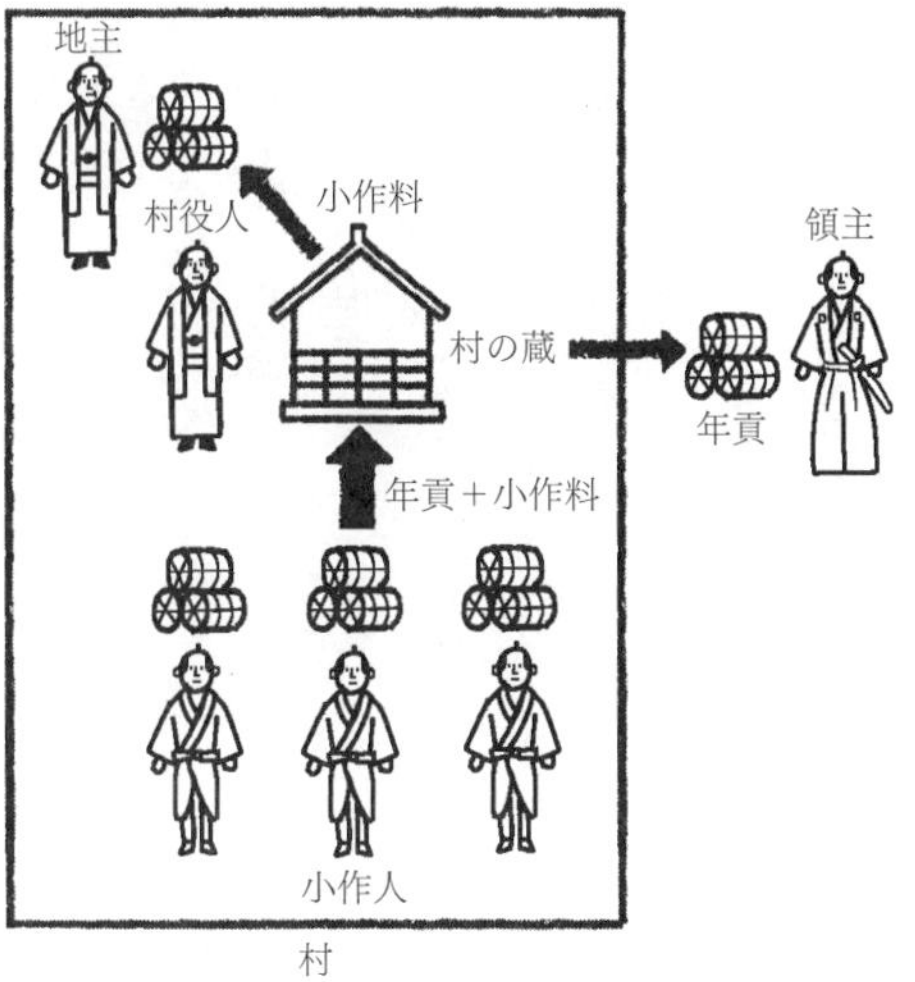

ところが、村請制のもとでは、何よりも村全体として年貢額を確保することが優先されるので、小作人から地主に支払われる年貢と小作料が、まず村役人のもとに優先的に集められ、そのうえで地主に小作料が分配されるということもあった（図6―1。すべての地域でこうした慣行があるわけではない）。

この場合、地主は小作料の額や率を勝手に決められず、村全体のコントロールのもとにおかれる。そして、年貢額の確保が優先されると、村全体の合意のもと、地主の取り分が減るということも起こりえた。

こうした関係は、地租改正によって村請制が解体されると変化する。地租負担者である地主が、小作料の額を自由に決められるようになった。これまでは村請制の村という集団的な枠の中に包まれていた地主－小作関係が、地主と小作人という個人対個人の直接的な関係に変化したのである〔坂根 二〇〇二〕。

この変化は、従来の地主－小作関係を揺るがすもので、地主－小作関係は一時的に不安定化した。一九〇二（明治三五）年に定められた栃木県芳賀《はが》郡山前《やまざき》村（現在の栃木県真岡市の一部）の村是（村の目標）の中には、「芳賀郡では、明治一〇（一八七七）年ごろまでは、地主と小作人が互いに『徳義』を重んじ、地主と小作の間に対立が起こるようなことはなかったが、その後こうした『徳義』が失われ、お互いが警戒心をもって対立するようになった」という趣旨の一節がある〔坂根 二〇〇二：四二四〕。明治一〇年前後というのは、地租改正の終了前後とほぼ一致している。

また、一八八五（明治一八）年、和歌山県日高郡の瀬見善水《せみよしみ》ら有力者たちと戸長が、和歌山県令に出した願書の中には、旧藩時代には、小作米は年貢に次ぐ先取権があり、藩の代官などの役人が規則に従い、小作米の徴収に関与していたが、地租改正後、小作米の納期は「放任」となったので、地主が小作米の取り立てに苦慮していると述べられている。瀬見らは、この状況を改善するために、県に、地主－小作関係を律する法令の制定を求めているが、和歌山県は、官庁が関与すべき案件ではないとして却下している(1)。

●地主の盟約

このように、地主‐小作関係が、一対一の契約となり、不安定化すると、いったん村から切り離されて不安定化した地主‐小作関係を、もう一度、地主が集団となって規制しようとする動きが、政府や府県の動きではなく、地主たちの動きとして出てくるようになる。地主が、互いに小作料の減免や免除を勝手に行わず、横並びで協調して小作に対処しようとする規約を結ぶようになるのである。

こうした地主の盟約は、一八八〇年代後半からみられるようになる。例えば一八八六（明治一九）年一一月、現在の静岡県沼津市域に属する東間門村《ひがしまかど》（合併の前の村、すなわち近世の村単位である）では、地主たちが盟約を結び、勝手に小作料額を決めないことや、小作米はまとめて一カ所で徴収し、小作料不納者には、他の地主も土地を貸さないこと、違反した地主は除名することなどを取り決めている。(2)

岡山県赤磐郡《あかいわ》石生村《いわぶ》（現和気町《わけ》の一部。こちらは合併後の行政村である）では、一九〇〇（明治三三）年に結ばれた「地主同盟会」の規約で、凶作で小作人が小作料の減免を求めてきた場合は、同盟会の総会で対応を決定すること、総会での決定以外に個別に小作料の減免を行うことは許されないこと、たとえ小作人を「親愛保護」する情からだとしても、救助米や病気に対する恵与米を小作料徴収の際に与えてはいけないこと、小作料不納の小作人の土地は、小作人から取り上げること、その場合、その小作人が小作料を納めなかった当該地主だけではなく、他の地主も小作地を引き上げること、また規約に違反した地主はこの同盟から除名されることなどが定められている。(3)

村請制のもとで、年貢の納入のために小作料に一定の制限を受ける一方で、村単位での協調と一括徴収によって、ある程度の安定した小作料の取得ができていた仕組みが、地租改正によって崩壊してしまうと、地主‐小作の関係は、地主と小作人の駆け引きになる。この不安定な状態に一定の枠をはめ、秩序を安定させるために、こうした規約が結ばれたのである。

もっとも、これらの規則には村請制と異なり、法的な裏づけはなく、地主たち相互の約束にすぎない。違反したとしても、この会から除名されるだけで、地主経営を続けることが禁止されるわけではない。ある地主が、他の地主と協調しないで小作料を勝手に引き下げることが、結果的にはその地主の利益になる可能性もある（例えば、その地主はより多くの有能な小作人を集めることができるかもしれない）。つまり、個々の地主は、他の地主からの助力が得られなくなるというリスクと、この規約を破ったことによって得られる利益とを天秤にかけながら行動することになる。互いの同意だけに基づいてつくられた組織には、規約を破ったり、その組織から脱退したりするという「抜け駆け」の可能性が常に存在するのである。

先にみた栃木県芳賀郡山前村の村是にあったように、ある集団のルールに従い、そのルールを破ったり、集団から離脱したりしないことは、この時代、農村に限らずさまざまな場面で、徳義という言葉で表現された。「徳義」という言葉は二面性をもっている。それは、「徳義」である以上、それが守られることは望ましいという意味と、「徳義」は「徳義」にすぎず、法律ではないから、完全に遵守されることは互いに期待できないという意味である。こうした「徳義」に基づく、それゆえに抜け駆け可能な社会集団の姿は、次章以降でもしばしば登場することになるだろう。

二　小農経営をとりまく環境——大字

●「大字」の機能

第3章第二節で説明した通り、一八八九（明治二二）年に町村合併が行われた結果、近世の村は「大字《おおあざ》」と呼ばれ、合併後の村の下部単位となった。それでは、大字の機能は、近世の村と同じ、あるいはその復活なのだろうか。

日本の農村社会の研究で重要な論点を提起した社会学者・鈴木栄太郎は、合併によって生まれた「行政村」に対して、江戸時代以来続く大字のような農村の集団を「自然村」と呼んだ［鈴木 一九四〇］。しかし、近世の村を単純に自然発生的な人々の結び付きとみるわけにはいかない。村請制の存在が、近世の村の性格を考えるうえで不可欠な要素であるとすれば（↓第1章）、地租改正によって村請制が解体されてしまったことは、その後の村＝大字の性格を大きく変えたはずである。村の共有地である山林・原野を例にとって説明してみよう。

近世の村の山林・原野の共有は、村請制に基づくものであった（↓第1章）。年貢が村請なので、年貢の納入を可能にする採草地（肥料供給地）を、村単位で利用する権利が与えられるというのが、その原則であった。それは、村請制の解体後、どのように変化するだろうか。

事例として、一八九三（明治二六）年の、静岡県駿東《すんとう》郡金岡《かなおか》村大字岡宮《おかのみや》（現在は沼津市内）における

図 6-2　静岡県駿東郡金岡村地図

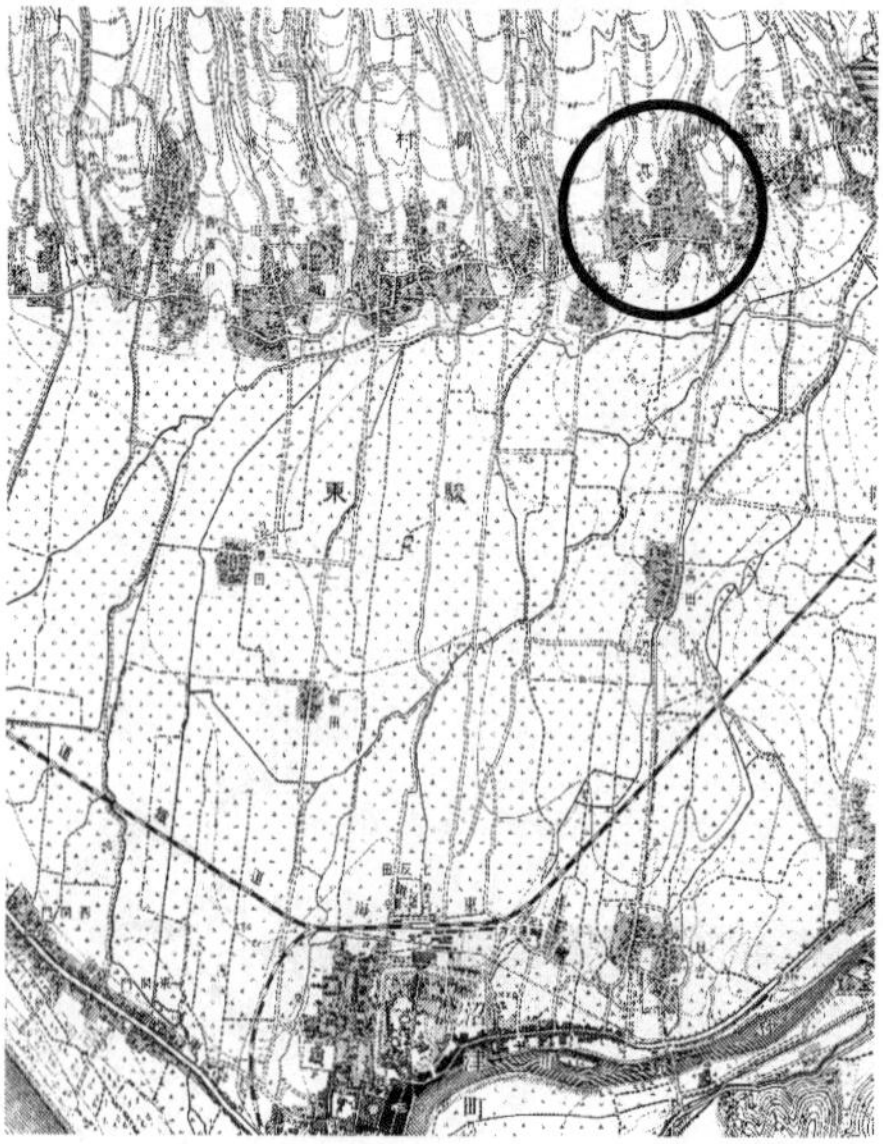

出典　「2 万分 1 正式図　沼津」（1901 年陸地測量部発行）。

「改良規約」の制定を取り上げたい。図6-2は金岡村の地図であり、北側に山林（愛鷹山《あしたかやま》）があり、山沿いにいくつかの集落が並んでいる。円で囲った部分が大字岡宮（近世の岡宮村）である。

その改良規約は、村内の治安維持を目的としたもので、山林盗伐・濫伐を禁止し、そうした行為を行った者は取り押さえのうえ、説諭を加え、当人が納得しない場合は「其筋《そのすじ》」（警察）へ告訴することが定められている。農作物の窃盗や草の無断刈取りについても規定されており、重いものは「其筋」へ告訴し、軽いものは科料金（罰金。五〇銭～一円）を徴収すること、科料金の半分は被害者へ、残りの半分は大字の積立金とすること、雇人・家族・子弟等の犯罪はすべて戸主の責任とすることが定められている。

この改良規約を実行に移すために、改良委員という役職一二名が選ばれた。任期は一年で、改良委員は大字内・山林を巡回し、違反者を発見し次第取り押さえ、尋問する権限をもつ。また、犯罪が発生し、噂で誰かが疑わしいとなれば、その人物の家宅捜索を行う権限すらもっていた。

この改良委員は実際に活動している。一八九三（明治二六）年の半年分については活動記録が残されている（表6-1）。

ここからは、実に半年間で二三件もの犯罪行為を改良委員が摘発していたこと、その内容は農作物の窃盗、草・樹木の無断伐採が中心であるが、「人違いで脅迫」とか、「組長ながら会議に遅刻」などの村の秩序維持にかかわる行為全般が対象とされていたこと、そして詫書（反省文）と科料金による解決が図られ、重大とみなされたものについては交際を断つ（いわゆる「村八分」）という制裁が科せられていたことがわかる。

注目しておきたいのは、岡宮村、のちの大字岡宮では、改良委員のような仕組みは、一八九三年以前には存在しないということである。改良規約は、一八九三年に大字の構成員全員の盟約というかたちで結ばれた大字独自のルールであり、国・県などから指示されて結ばれたものではない。

ここから読み取れるのは、大字は自動的に村人の勝手な行動を抑制できるわけではないということである。実際に窃盗や盗伐は多発しており、それを抑制するために、人々の合意によって、大字にあらためて人々を統制する権限が付与されるのである。すなわち近世の村がそのまま名前をかえて近代の大字になるわけではない。地主-小作関係のところでみたのと同様、村請制の解体は、農村の秩序を流動化させ、それに一定のたがをはめるために、大字を単位とする規約によって秩序の再確立が図

表 6-1　1893 年改良委員活動一覧

	月　日	戸主と違反者の関係	事　件	処　理
1	4 月 29 日	2 戸の家族	畔畦草刈取	詫書差出・説諭
2	5 月 3 日	家族	盗木	科料金 50 銭
3	5 月 10 日	(不明)	榑木紛失	代金支払い
4	5 月 10 日	(不明)	草紛失	証拠なし
5	5 月 20 日	家族	茄子苗窃盗	詫書差出
6	5 月 20 日	4 戸の家族	草刈取	詫書差出
7	6 月 5 日	家族	草刈取	詫書差出
8	7 月 15 日	家族，馬児	草刈取	科料金 1 円，詫書差出
9	7 月 16 日	家族，4 戸の馬児	博奕	詫書差出
10	7 月 24 日	馬児	植樹地において草刈取	詫書差出
11	8 月 5 日	2 戸の家族	芋掘取	科料金半額（小児につき）
12	8 月 10 日	家族	草刈取	詫書差出
13	8 月 16 日	雇人	村持共有地において草刈取	詫書差出
14	8 月 19 日	戸主	人違いで脅迫	詫書差出
15	8 月 27 日	雇人	西瓜窃盗	詫書差出，科料金 1 円，1 カ月他人交渉を断つ
16	9 月 13 日	戸主	組長ながら会議に遅刻	組長罷免，承諾書差出
17	9 月 16 日	家族	草刈取	詫書差出
18	9 月 21 日	雇人	草刈取	詫書差出
19	9 月 30 日	戸主	草刈取	科料金 50 銭，詫書差出
20	10 月 2 日	家族	落葉掻取	科料金 30 銭，詫書差出
21	10 月 2 日	戸主	草刈取	詫書差出
22	10 月 10 日	家族	草刈取（再犯）	1 カ月謹慎
23	10 月 10 日	馬士	過失で農作物を馬が食べる	賠償 50 銭，詫書差出

出典　「改良一切記録」(「岡宮区有文書」F169，沼津市明治史料館所蔵)。

られたのである。

●原野をめぐる紛争

同時期に、愛鷹山の西に位置する富士山南麓の原野では、国有地とされた土地が勝手に開墾されるという事態が進行していた。この原野は近世には五六カ村の入会地として肥料原料供給地となっていた。ところが、一八八一（明治一四）年、この土地は地租改正の過程で国有地となり、のち皇室財産に編入された。これに対抗して、静岡県に、原野を民有地に戻すよう働きかける運動が起こるが、住民の足並みは揃わない。なぜなら、住民の一部に、県庁の承認も、他の住民の承認も得ないまま、無断で原野を開墾し、紙の原料となる三椏《みつまた》を栽培して利益を上げようとする者が現れたからである。開墾に乗り出した住民と、採草地として維持しようとする住民の間では激しい対立が発生した。最終的には、開墾という既成事実は皇室財産を管理する宮内省によって追認され、宮内省から開墾者たちが土地を借り、その代わり一定の補償金を他の住民に支払うというかたちで事件は決着した［松沢 二〇一六］。

ここからみてとれるのは、原野を採草地として維持するという近世のルールが、近世的秩序の崩壊とともに無効になってしまっているという事態である。村請制のもとでは、年貢納入を村単位で確実なものとするために、採草地を維持することは村構成員共通の規範として機能した。ところが、そうした枠が外れてしまい、三椏の栽培で利益を上げられることが判明すると、人々は先を争って開墾に乗り出したのである。

この原野が国有地である以上、無許可の開墾は国の土地所有権を侵害しているうえ、従来の村単位のルールにも反している。ところが、こうした開墾の進展を、静岡県庁は事実上黙認していた。県庁は、原野が切り開かれ、商品作物の栽培が盛んになることは、経済的発展につながると考えていた。結果的には、開墾に成功した者は、既成事実を認められ、そこで農業を継続した。従来の村を引き継いだ大字は、この開墾の進展を止めることはできなかった。

これらの事例から、大字単位で規則を制定しても、村請制のように人々にそれを守ることを促す仕組みがなく、法的裏づけもない以上、人々はその規則を破る。つまり、抜け駆けを行い、そして、その抜け駆けの結果が成功であった場合には、政治権力からも是認され、抜け駆けしなかった人々も既成事実を認めざるをえなかったことがわかる。

以上の通り、抜け駆けの可能性は、「抜け駆けをしても成功すれば認められる」という既成事実追認の傾向によってより強められていた。

●近世の村と近代の大字

近世の村と近代の大字の違いは、以下のようにまとめることができる。第一に、近世の村は村請制によって秩序が支えられていたのに対して、近代の大字にはそのような要素がないので、住民の相互監視によって秩序を維持するしかない。第二に、この相互監視には絶えず抜け駆けの可能性が存在する（実際に、大字岡宮の事例では改良委員制度が導入されても問題は多発し、改良委員は違反者を摘発し続ける）。第三に、単位は大字でなくともよい（学区が結び付きの単位となる事例もあり［湯川 一九八八］、大字より小さい範囲がそうした機能を担うこともある）。

三 「家」経営体の戦略

●農法の変化

次に、個々の家の内部に目を向けてみよう。

地主－小作関係では、小作料は現物であるため、地主の取り分は米の一定量で定まっている。小作人が収穫を増やせば、小作人の手元に残る分は増える。そこで、農業技術の革新は、主として多収穫をめざす方向に進んでいった［勝部 二〇〇二］。

明治後期には、品種改良によって生まれた「神力《しんりき》」という品種の米の栽培が広がった。この品種は、食味はすぐれないが、多収穫が期待できるという特徴があった。しかし、神力の多収性を引き出すためには、大量の肥料を投入する必要があった。ところが、肥料を大量に投入すると、いもち病という稲の病気が発生しやすくなる。これを避けるためには、従来に比べて田を深く耕す必要があった。また、肥料を大量に投入すると、同時に雑草も繁茂《はんも》するので、除草の回数も増やさなくてはならない。このように、神力が多収穫をもたらすためには、農家は労働の量を増やさなくてはならなくなる。多収穫をめざす技術革新は、同時に労働集約的な農業のあり方を生んだのである。

どれだけの肥料が用いられたのかを、水田一反（約一〇a《アール》）あたりの窒素投入量でみると、一八八三〜八七（明治一六〜二〇）年の平均が四・九二kgであるのに対し、一九〇八〜一二（明治四一〜大正元）年は六・四八kgと増大している。また、使用された肥料のうち、購入されたものの割合は一八八三〜八七年の平均で一一・七%を占めているにすぎなかった。これが、一九〇三〜〇七年には一八・三%、一九〇八年〜一二年には二七・六%に増大する［速水 一九六七］。

購入しない自給肥料の使用量が増える場合は、原料となる草木を採集したり、発酵させたりという肥料を製造する手間が、農家の労働として増えることを意味する。一方、購入肥料であれば現金収入を増やす必要が生じる。

●農家副業

農家にとって現金収入を増やす機会となったのが副業である。少し時代はあとになるが、一九一八（大正七）年、鳥取県のある農家の家族が、どのくらいの時間、どのような仕事をしていたかというデータが残されている（表6-2）。この家は、男性戸主（四四歳）、その妻（四〇歳）、長女（一八歳）、次女（一五歳）、長男（九歳）、次男（二歳）、戸主の父（七一歳）、戸主の母（六七歳）の八人家族である。

最も長時間働いているのは、六七歳の母で、一年間の合計で三九二一時間、次いで長女が三三九九時間、妻が三二七八時間、戸主が三一五六時間と続く。このうち、戸主と戸主の妻は労働時間の八割

表 6-2　農業の労働時間配分の事例（自作農・鳥取県，1918 年）

続柄	年齢	総時間（投入時間数）	「産業」および「産業関係雑」計	農耕	養蚕	畳表製造	薬製品	家事	公共事業
戸主	44	3,156	2,564	1,618	138		340	437	155
妻	40	3,278	2,456	1,006	295	868	10	822	
父	71	1,982	1,672	1,140	110	10	160	275	35
母	67	3,921	803	265	10	528		3,118	
長女	18	3,399	2,082	1,160	260	365	10	1,317	
次女	15	1,020	135	80		55		885	
長男	9								
次男	2								
牛		175	175	175					
計		16,931	9,887	5,444	813	1,826	520	6,854	190

注　年齢以外の単位は時間。
出典　［谷本 2011: 12］。

程度を、農業や養蚕、畳表製造などの生産労働に費やしている。特に畳表製造は妻の労働時間の約四分の一を占める。畳表製造とは、イグサから畳表を製造する仕事で、このように、農家内で行われる小規模な製造業は農家副業の一種である。この家は、畳表を製造・販売することで、現金収入を得ているのである。

家事に従事しているのは、戸主の母と長女、次女である。表には表れていないが、食事の準備はもっぱら戸主の母が、育児は戸主の母と次女が担っている。戸主の妻は育児の主役ではないことに注意してほしい。農耕や畳表製造といった生産労働に従事可能な戸主の妻は、育児ではなく、生計維持に必要な生産労働に優先的に従事していたのである。

「男は仕事、女は家庭」といった性別役割分業はここには存在しない。しかし、これが「男女平等」を意味しないことは言うまでもない。小農経営の単位である「家」は、いわば一種の中小企業である。男性戸主はその経営者のようなものであり、その指揮・監督のもと、収入確保に向けて一家全員が労働するのである。市場経済の中で生きる農家の姿がここにある。場合によっては家族構成員が外に出て働く場合もある（次章で扱う「女工」がこれに当たる）。

農家が所属する社会集団としての「大字」は、それに所属していれば経営の存続が保証されるという集団ではなく、絶えず誰かが抜け駆けする可能性のある集団だった。相互監視が必要だが相互扶助は保証されない。そうした環境の中で、個々の農家は、構成員の労働力をぎりぎりまで用いて、収入を確保し、生き残りを図ったのである。

注

(1) 和歌山県史編さん委員会編『和歌山県史　近現代史料五』和歌山県、一九七九年、三五二頁。
(2) 沼津市編さん委員会、沼津市教育委員会編『沼津市史　史料編　近代一』沼津市、一九九八年、三七五頁。
(3) 岡山県史編纂委員会編『岡山県史　第二九巻　産業・経済』岡山県、一九八四年、一〇六二頁。

■もう少し勉強したい人のために

坂根嘉弘「近代的土地所有の概観と特質」渡辺尚志・五味文彦編『新体系日本史三　土地所有史』山川出版社、二〇〇二年。

農業史・地主制史を専門とする著者による近代日本の土地制度の概観。近世的な土地所有のあり方との連続性と、地租改正による断絶性の双方について、事例を交えつつ解説している。

松沢裕作「日本近代村落論の課題」『三田学会雑誌』一〇八巻四号、二〇一六年。

近代の大字は近世の村を単に継承した組織なのか否か、という論点についての研究史整理。本書で取り上げた事例も交えつつ、「村請制の村」の解体を強調する著者の立場を先行研究との関連で位置づけている。

□その他参照文献

勝部眞人『明治農政と技術革新』吉川弘文館、二〇〇二年。

沢井実・谷本雅之『日本経済史——近世から現代まで』有斐閣、二〇一六年。

鈴木栄太郎『日本農村社会学原理』時潮社、一九四〇年。

谷本雅之「近代日本の世帯経済と女性労働——『小経営』における『従業』と『家事』」『大原社会問題研究所雑誌』六三五・六三六号、二〇一一年。

速水佑次郎「肥料産業の発達と農業生産力」『経済と経済学』一八・一九号、一九六七年

湯川郁子「地方改良運動期の部落と行政村——静岡県周智郡犬居村を事例として」『歴史学研究』五八五号、一九八八年。

第7章　女工と繊維産業

▼「家」から工場へ

一　製糸女工と「家」

●製糸業と綿糸紡績業

本章では、農家から供給される労働力に依拠する産業としての繊維産業と、そこでの集団のあり方を取り上げる。図序-1の見取り図で言えば、左上の農業セクターから、右上の近代工業・金融業セクターに属する繊維産業への労働力の移動についてである。

本章で主として取り上げるのは製糸業で、比較のために綿紡績業の状況にもふれる。いずれも糸を生産する産業で、製糸業は絹糸を、綿紡績業は綿糸を生産する。この二つの産業は、女性の労働者を多数雇用していた点に共通性がある（表7―1）。一方で、製糸業が長野県など地方に立地し、比較的

表 7-1　製糸業・紡績業職工数
（1899 年）

	工場数	職工数	うち女工数
製糸	2,217	115	107
紡績	80	68	53

注　工場数以外の単位は千人。
出典　［村上 1982: 80–81］

小規模な工場が多かったのに対して、紡績業は大阪など大都市部に建設された大規模工場で営まれた。こうした両者の性格の違いは、そこで働く労働者のあり方にも違いをもたらした。

●製糸業の位置

製糸業とは、繭から絹の糸をつくる産業である。製糸業の原料となる繭をつくるのが**養蚕《ようさん》業**である。両者を総称して蚕糸《さんし》業とも言う。

養蚕業は、カイコガの幼虫（蚕《かいこ》）に、桑の葉を与えて育て、蛹《さなぎ》にして繭をつくらせる作業である。この工程は、餌となる桑の栽培を含めて、農家の副業として行われるのが一般的である。

農家は、繭を製糸業者（製糸家）に売却する。製糸業者の工場では繭を煮て（煮繭《しゃけん》、この段階で繭の中にいるカイコガの蛹は死ぬ）、数粒の繭から繊維の先を取り出し、一本の糸にして糸巻きに巻き取る（繰糸《そうし》）作業が行われる。この作業は、一人の繰糸者が一つの鍋の前に立って行われる。伝統的には、糸巻きは、繰糸者が自分で動かして糸がとられていた。例えば、明治期でも「座繰《ざぐり》製糸」と呼ばれるタイプの製糸業はこれである。一方、複数の糸巻装置を、動力源（蒸気機関など）に連結して動かす場合には**器械製糸**と呼ばれる［中林 二〇〇三］。

器械糸と座繰糸の生産量をそれぞれ示したものが**図7-1**である。一八九三（明治二六）年ごろに器械製糸でつくられた糸の生産量が座繰糸を追い抜き、器械製糸業が急拡大してゆくことが読みとれよう。

生糸は輸出品であり、日本経済にとっては貴重な外貨獲得手段であった。器械製糸業の中心地は長野県諏訪地域であった。一九〇五（明治三八）年、全国で一〇〇人繰以上の器械製糸工場は一八五あったが、そのうち一〇八が長野県に所在していた［矢木 一九六〇：九］。そこで働く労働者のうち、煮繭・繰糸工程に直接従事する労働者の大半は女性（「工女」ないし「女工」と呼ばれる）であった。そこでの労働条件が悪かったこと（低賃金、寄宿舎制度など）は、よく知られている通りである。ここでは、労働条件そのものよりも、女工を取り巻く社会関係に重点を置いて考察してみたい。

図 7-1　生糸生産量の変化

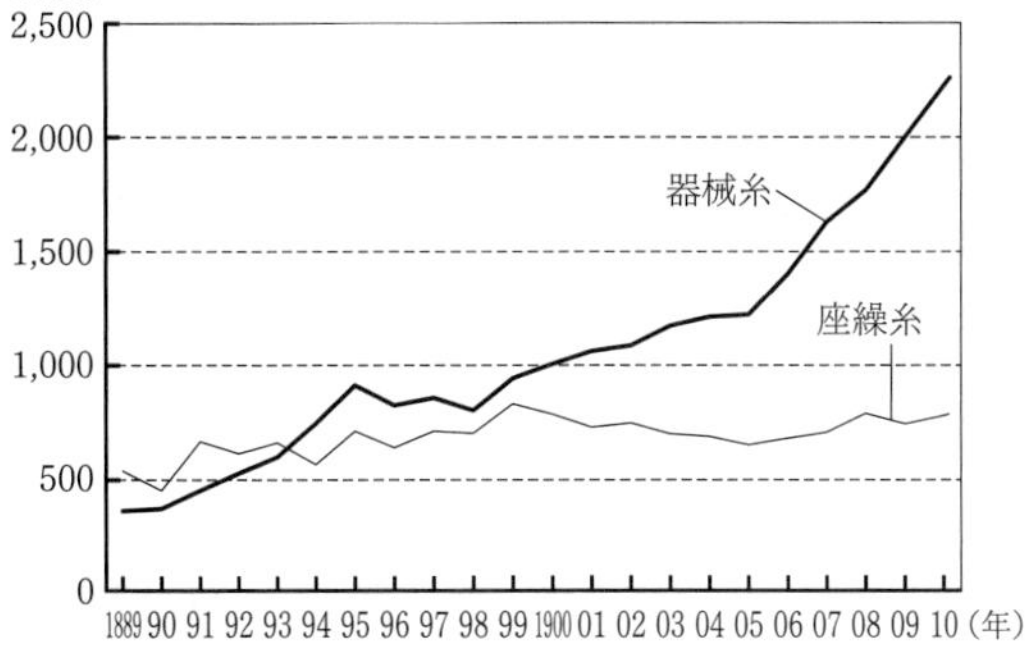

出典　［石井 1972: 197］より作成。

●女工の契約書

まず、女工が製糸工場で働く際の契約書についてみてみよう［大石 一九九八：一四八］。一八九四（明治二七）年、二四歳の金井ゆうという女性が、諏訪の有力製糸家である片倉組で働くにあたって取り交わした契約書をみると、まず、契約は、ゆうの父で戸主である金井孝之助と工場主である片倉兼太郎の間に結ばれていることが注目される。孝之助は、同年三月から一二月までの製糸工場操業期間中（諏訪では厳冬期には操業を停止していた）、娘ゆうを片倉の工場で就業させること、手付金として二円を受け取ること、この期間中は他の製糸工場に就業させないことを約束している。つまり、契約は、働く女工本人の名義で結ばれるのではなく、女工が属する「家」の代表者である戸主と製糸家の間に結ばれるのである。

時期が下ると、戸主は工女の「法定代理人」という名義で製糸家と契約を結ぶようになり、また、本人がこの契約に同意している旨が契約書に記されるようになる。戸主は戸主であることで自動的に契約者になるわけではなく、本人の代理として戸主が契約を結ぶ形式をとるようになるのである。これは新たに制定された民法や民事訴訟法に対応するためであるが、実態的には、前にみた契約書とあまり変わらない。女工の意思を尊重するようになったというよりは、戸主が契約するという実態を、個人間どうしの契約という法律上の仕組みにあわせた結果であると言えよう。

つまり、これらの契約書からは、工女は、本人の意思ではなく、「家」の意思に従って工場に働きに出るということが読みとれる。

二　諏訪の「製糸同盟」

●製糸同盟の成立

当初、諏訪の製糸業は近隣の地域から女工を募集していた。それは、家と製糸場の縁故関係、コネに依存していた。例えば、その農家と製糸工場の間に繭の取引関係があるといった関係である。こうした関係では、女性労働者は、農家という「家」から、製糸工場主＝「製糸家」の「家」へと、派遣され、働く存在であった。それは、相互の「家」の当主どうしは顔のみえる関係にあったということでもある。

ところが、諏訪の製糸業が盛んになるにつれて、周辺地域からの女工だけでは、労働力が不足するようになってきた。その結果、労働者を、諏訪から遠く離れた地域から募集するようになった。そうすると、女工の「家」と製糸業者の間は、顔のみえない、疎遠な関係になってくる。そうした状況を背景に起きたのが、製糸業者どうしの女工の奪い合いである。

一九〇三（明治三六）年に、農商務省が発行した報告書『職工事情』の中には、諏訪の製糸業の労働者の奪い合いの様子が描写されている。例えば、新潟県や長野県北部からやってくる女工が和田峠を越えて諏訪に来るときに、各工場は人を沿道に派遣して、すでにある工場と契約を結んでいる女工に対して「自分はその工場の事務員だ」と嘘をついて別の工場に連れてきてしまうとか、女工が下車する駅から諏訪に向かう乗合馬車の馭者《ぎょしゃ》を買収して、その馬車に乗った女工を、自分の工場と契約を結んでいるかどうかを問わず直接自分の工場に連れてこさせてしまうといった行為が行われていたという（1）。

図 7-2　女工登録制度の模式図
（本来のかたち）

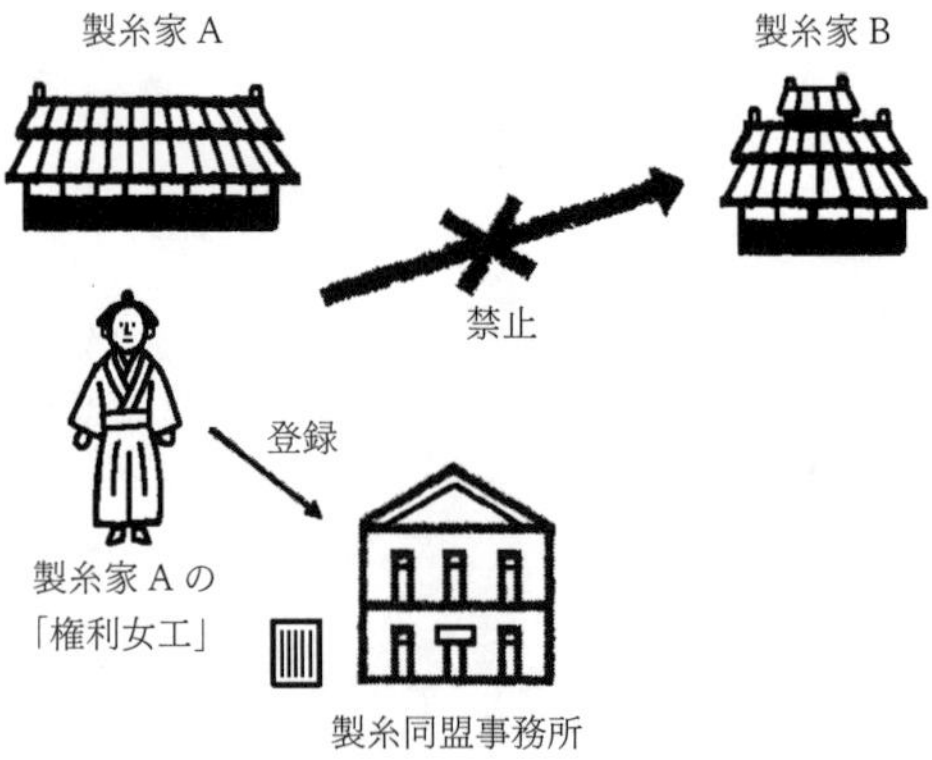

こうした女工争奪は、製糸業者にとっては、労働力調達にコストがかかることを意味する。そこで、製糸業者たちは、ある時点で、相互に協定を結んで、女工争奪を抑制しようとした。これが、諏訪の**製糸同盟**と、そのもとでつくられた**女工登録制度**である（以下、製糸同盟の女工登録制度については［東條 一九九〇］）。

製糸同盟の女工登録制度（図 7-2）とは、前年にある製糸家のもとで五日以上就業した女工（「旧権利女工」）、およびその年の新規契約者を、諏訪の製糸家たちの団体である製糸同盟の事務所に登録し（新権利女工の場合は最初に登録した工場に権利が発生する）、それをその経営の「権利女工」として、その年度に他の経営がこれを雇用することを禁止する制度である。

製糸同盟の原型は、一九〇〇（明治三三）年末、諏訪の製糸家四〇名が「定則」を制定し、前年度、ある工場で就業した者は、翌年度に別の工場が雇ってはならない、という協定を結んだことに始まる。一九〇三年には、組織としての製糸同盟が成立した。最盛期には加盟社は一四〇社あまり、諏訪の製糸業者をほとんど網羅する組織となった。同盟事務所では「工男女姓名台帳」が作成され、労働者がどこの工場で働いたかが登録された。

もし、規則に反し、製糸家Aの権利女工が他の製糸家の工場で働いていることがわかった場合、まず製糸家Aはその旨を同盟に訴え、同盟は台帳と、その女工の所在を調査する。その上で登録制度に違反していると判断されれば、原則として、その女工は権利をもつ製糸家のところへ引き渡される（つまり、女工には就業先を選択する自由がない）。そして、もし引き渡しが不可能である場合には、本人の引き渡しに替えて、移動した先の製糸家（つまり、別の製糸家の権利女工を「引き抜いた」製糸家）から、権利をもつ製糸家へ「違約金」が支払われることになっていった（図7-3）。

図7-3　女工登録制度の模式図
（違反が発生した場合）

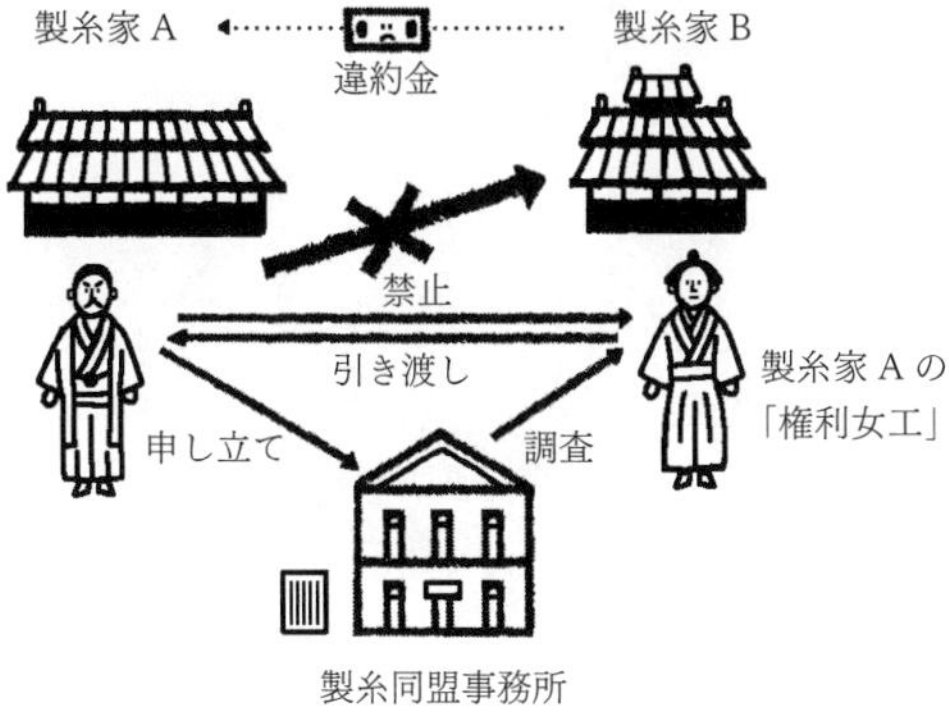

●女工の移動拒否

さて、問題は、引き渡しが不可能である理由である。女工本人が引き渡されるのを拒否した結果、引き渡しが不可能となる事例が多発していたのである。例えば、一九〇四（明治三七）年には七八名の引き渡し交渉が行われているが、スムーズに本人が引き渡されたのは一六名で、そのほかは女工の拒否によって示談や解雇となったり、あるいは女工が逃亡したりしている〔東條 一九九〇：二一〜二三〕。

そして、興味深いのは女工の引き渡し拒否の背景には、女工本人の意思というよりも、女工の「家」の意思が存在することがうかがわれることである。

女工登録制度では、女工が婚姻や養子縁組によって別の戸籍に移った場合、「旧権利」はいったん解除される仕組みになっていた。このこと自体が、女工登録制度が、女工を送り出す「家」と、女工を雇う製糸家の「家」の関係を基礎としていたことを示しているが、この仕組みを用いて、女工の「家」が形だけの婚姻や養子縁組によって戸籍を移し、就業先を変えようとする例がみられる。このような戸籍の操作は、女工一人でできるものではないので、女工の「家」の意思が関与していることは明らかである。

また、製糸同盟の事務所が女工本人に事情聴取をした際に、「母が迎えにきた」「母から別の工場に行くのだと言われた」など、「家ぐるみ」とみなされる回答をしている例もある。つまり、女工の個人的意思というより、「家」の意思決定に基づいて女工が行動しているという例が多い。そして、実際にはこの背後には、女工の引き抜きを図る別の工場が、より好条件を「家」に示して、「家」に女工の就業先を変えさせる誘いをかけていることが想定される。

●権利貸借制度の導入

こうした事態の多発に対応して、製糸同盟は、一九〇八（明治四一）年から、「権利貸借」制度を導入した（図7-4）。権利女工が、別の工場で働き始め、それを本来の権利をもつ製糸家が抑制できない場合、権利を有する製糸家が、権利を有しない製糸家に権利を「貸す」ことにして、権利がない工場はその見返りに「借権証」を差し出すのである。

図7-4　女工登録制度の模式図
（権利貸借制度の導入後）

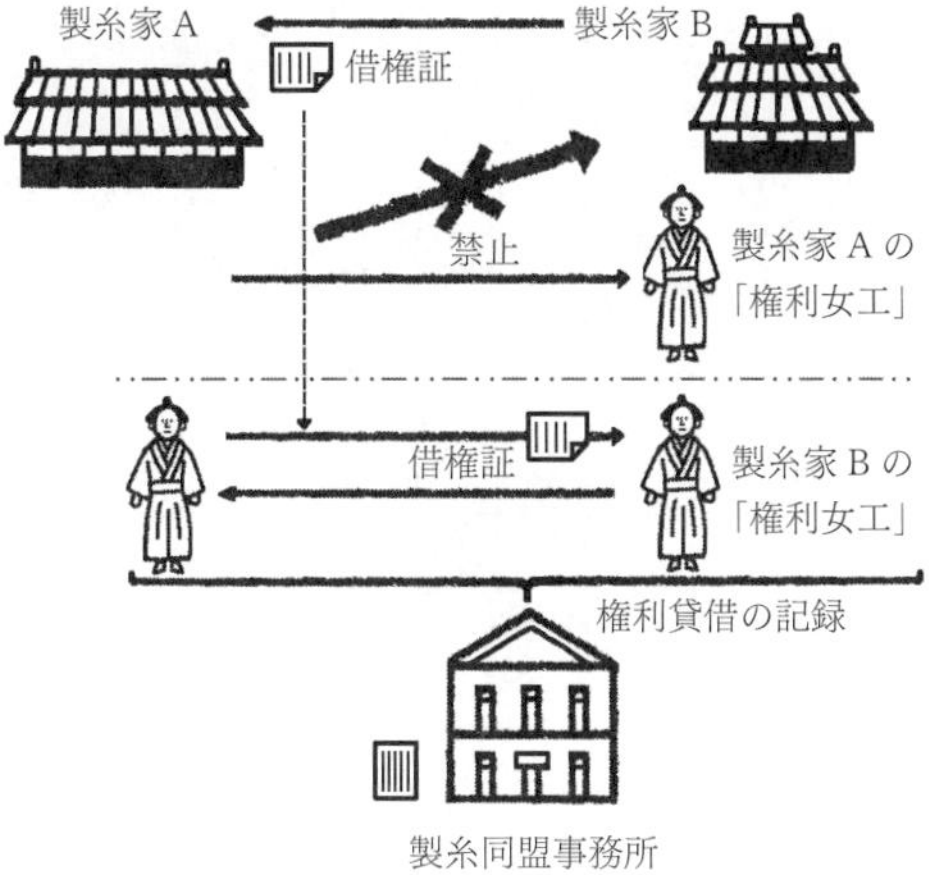

借権証をもった工場は任意の時点で、相手先の工場の女工登録一人分を抹消し、自分の工場に女工の権利を移すことができる。

製糸同盟は、製糸家どうしの取り決めにすぎない。そして、製糸家どうしの取り決めにすぎない女工登録制度では、女工本人を動かすことはできなかった。女工は製糸工場ではなく「家」に帰属するから、その「家」の意思を、製糸家側で左右することはできなかったのである。そこで、製糸家どうしは権利を交換し合うことで問題を解決するようになった。これが、権利貸借制度出現の理由である。

契約書からも明らかなように、女工が製糸工場で労働に従事するのは、「家」と経営との合意に基づく。経営者は、経営者であるという立場だけで、女工に長時間労働を強いることができたわけではないのである（その証拠に「家」の意思が変更されれば女工は他の経営に移動する）。製糸工場側からみれば、「家」に依存しているとも言えるが、「家」は制約条件でもある。女工は、「家」のために他の経営へ行け（そちらのほうが給料がいいから）と言われれば、女工はその時点で働いている製糸家を裏切って別のところへ行ってしまうのである。

そういう状況のもとで、製糸工場と女工の関係を安定化させるためには、第一に、製糸家と「家」の間の関係を円満に保つことが重要になってくる。当初、製糸工場が女工を募集する範囲は諏訪周辺（長野県内や山梨県）に限定されていた。各「家」との間には縁故関係があり、募集担当者はその地域のことをよく知っていた。その担当者を「裏切る」ことがないように、担当者は各々の家の主を、監視したり、関係を良好に保ったりすることができた。

しかし、それが難しくなってきたときに、製糸工場どうしで他からの引き抜きをしないという約束を交わす製糸同盟が生まれた。とはいえ、実際には、「家」は、それぞれ競争に晒《さら》される個別経営であり、経済的な事情やその他の事情で娘を別の工場で働かせる場合もある。また、製糸家どうしも約束を守るとは限らない。事後的に「借権証」で処理することもある。そもそも、工場側から「家」に誘いをかけている場合もかなり多い。

つまり、製糸同盟という、製糸家どうしの約束にすぎない集団ができることは、それほど多くはないのである。相互に競争し合う製糸家どうし、「家」どうしが生み出してしまう女工の争奪と頻繁な女工の移動を、製糸家相互の約束によって何とか維持しようとしたものが製糸同盟であった。

近世の社会集団と、近代の製糸同盟を比較すれば、近世の身分的社会集団のような権力によって特権を保証されたものではない点に、最大の相違がある。その約束には裏づけがない。製糸同盟に結集する製糸家たちは、常に「抜け駆け」（ほかの経営の女工を引き抜くこと）の機会をうかがっている。こうした絶えざる抜け駆けに晒されている点は、近代の大字の社会集団としての性格と同じである。こうした「抜け駆け可能性」の大きさに、近世とは異なる近代の社会集団の特徴をみることができる。

三　紡績女工と女工引き抜き

●紡績業の性格

綿紡績業（以下、紡績業）は、綿花を原料とし、そこから綿糸を製造する産業である。一八八〇年代から急速に成長した日本の紡績業は、大都市近くに立地する工場で、欧米から輸入した機械設備を用いて大規模生産を行う点に特徴があり、移植産業としての性格が強い。また、原料となる綿花を、インド、中国などから輸入することによって拡大した。この点、同じ農業との結び付きが強い製糸業とは性格の異なる産業であった。このことは、紡績業で働く女性労働者にも、製糸業とは異なるあり方をもたらした。

紡績の工程は、綿の繊維に撚《よ》りをかけて巻き取り、糸をつくる精紡工程を中心とする。この精紡工程は、機械装置で回転するスピンドル（錘《つむ》）によって撚りをかけることで行われるが、女性労働者は主としてこの精紡工程に従事しており、精紡工程の前にある準備工程や、その後の仕上げ工程は男性労働者が担っていた。

一八八三（明治一六）年に営業を開始した大阪紡績は、**昼夜二交代制**を導入し、機械をフルに稼働させることで高利潤を実現し、これをモデルとして大規模紡績会社が相次いで開業した。

●紡績労働者の給源

当初、紡績会社の労働者は、立地している大都市の貧困層や、周辺農村の貧困層から供給された。したがって、労働者は寄宿舎住いではなく工場に通勤していた。しかし、紡績業の発展とともに、それだけでは労働者が不足するようになり、一八九〇年恐慌のころから、募集人を派遣したり、仲介業者を介したりして、遠隔地から募集するようになった。これにともない寄宿舎が建設されるようになったが、寄宿舎に住む女工の数は、一九〇〇年前後でも約半数で、その割合は製糸女工に比べて低い［高村 一九七一：三〇三］。それだけ通勤女工が多かったのである。

通勤女工の占める割合が高いのは、製糸女工と異なり、紡績女工は一度工場で働き始めると、都市に居住したまま帰郷しないことが多かったからである。製糸業では、工場主は繭の取り引きを通じてもともと農家とのつながりをもっていたから、すでにみたように、女工は「家」から工場へ働きに出され、「家」の意思と密着して行動した。ところが、紡績会社にはそのようなつながりがないため、女工が「家」から切り離されて働く度合いが製糸業に比べて高い［東條 二〇〇五］。

遠隔地からの募集には、募集人や仲介業者の詐欺まがいの行動がみられた。『職工事情』では、一度紡績工場に子女を送った地域からは、再び子女を紡績工場に出そうという者はいなくなる。そこで、工場の募集員は、まだ紡績工場に働きに行った者がいない地域に行って、さまざまな甘い言葉で女性を勧誘する、と書かれている(2)。

低賃金かつ苛酷な労働条件であったことは紡績業も製糸業も変わらない。しかし、製糸女工の場合は、「家」のために働き、一定の期間を経たのちに帰郷して結婚するというライフコースが想定されていたのに対して、紡績女工は、病気以外の理由で帰郷することが稀《まれ》であった。見知らぬ土地に送り出された女工たちは、「家」と切り離された苛酷な労働条件のもとで疲弊《ひへい》し、工場から逃亡しては別の工場で働くことを繰り返すようになる。

低賃金・長時間労働ゆえの離職率の高さは、経営者側からみれば、常に新たな女工を補充しなければならない状況を生む。高い離職率と、それを補充するための追加的なコストゆえに、紡績会社は賃金を低く抑えるようになる。すぐにやめてしまう労働者に高い賃金を払いたくはない、というわけである。そうすると労働条件は改善しないので、離職率は高いままになってしまうという悪循環が生じる［ハンター 二〇〇八］。

●「工女泥棒」

手っ取り早く女工を補充する方法は、他の工場から女工を引き抜くことである。ここでも詐欺的な方法や誘拐がしばしば行われ、大阪には女工の争奪を仕事とする暴力的な集団さえ存在した。紡績業者の連合組織である大日本紡績同業連合会や、その下部組織で、関西・西日本の紡績業者からなる中央同盟会は、女工引き抜きを防ぐために、諏訪の製糸同盟のように、ある会社で働く女工は別の会社では雇わないというルールをつくった。しかし、東京から関西に進出した鐘淵《かねがふち》紡績は、一八九六〔明治二九〕年に、このルールは不当であるとして、他の会社と対立した〔千本 二〇一六〕。この事件からも知られるように、法的な強制力もなく、また諏訪のように一地域に集中して立地するわけでもない紡績会社どうしが、このルールを守ることは難しかった。

また、自社の女工を送り込み、他の工場の女工を連れ出すという手口も用いられた。当時これを「工女泥棒」と呼んだ。ある女工は、「工女泥棒」が発覚した際の制裁について、『職工事情』の中で、次のように証言している(3)。

> どこの会社では給金がよくて取り扱いがゆるやかで食物がよいというて勧めるのじゃ。工女泥棒を密告した者には賞与をやると役人〔注：工場の職員〕から予《かね》ていうてある。十銭位くれる。工女泥棒は丸裸にして○○○○○〔注：引き抜こうとした工場名が入ると思われる〕「工女泥棒」と旗を立て引き廻して後、床机《しょうぎ》に立たせ誰にでもなぐらせる。頬《ほお》をなぐり髪を握《つか》まえて引き摺《ず》りなどする。それでほり出すのじゃ。

「工女泥棒」は、自分を送り込んだ工場について、「その会社は給料がよい、食事もよいらしい」といって他の工場の女工を勧誘する。一方、会社側は、「工女泥棒」を発見したら賞金（ごく少額である）を与えるとあらかじめ自分の工場の女工に伝えてある。そして、「工女泥棒」が発覚すると、丸裸にされ、旗を立てて工場中を引き回され、暴行を受けて、工場の外に放り出される。苛酷な制裁である。

「家」から切り離された紡績女工たちは、「家」に従属する製糸女工と比べると、「家」からは自由ではあった。しかし、その分、紡績会社の直接的な抑圧に晒《さら》され、また相互不信と不安定な雇用にのみ込まれていったのである。

注

(1) 犬丸義一校訂『職工事情』上、岩波文庫、一九九八年、二四三頁。
(2) 同右、八一頁。
(3) 犬丸義一校訂『職工事情』下、岩波文庫、一九九八年、二二八頁。

■もう少し勉強したい人のために

東條由紀彦『製糸同盟の女工登録制度——日本近代の変容と女工の「人格」』東京大学出版会、一九九〇年。

本書で扱った時期よりものちの時期まで含み、製糸同盟の女工登録制度の生成から消滅までを論じた研究書。著者独自の視角と用語法によって書かれており、難解であるが、製糸同盟以外の論点も含め、本書の見解と共通する点が多いので、その点を念頭に置けば読み進めることができるかもしれない。

ジャネット・ハンター／阿部武司・谷本雅之監訳『日本の工業化と女性労働——戦前期の繊維産業』有斐閣、二〇〇八年。

製糸業と紡績業で、それぞれ別個に行われてきた労働者の研究を、繊維産業に従事する女性労働者という視点から包括的に論じた研究書。

□その他の参照文献

石井寛治『日本蚕糸業史分析——日本産業革命研究序論』東京大学出版会、一九七二年。

大石嘉一郎「雇用契約書の変遷からみた製糸業賃労働の形態変化」『日本資本主義の構造と展開』東京大学出版会、一九九八年。

高村直助『日本紡績業史序説』上、塙書房、一九七一年。

千本暁子「紡績業における雇用関係の転換点——鐘紡と中央同盟会との紛議事件を通して」『社会経済史学』八二巻二号、二〇一六年。

東條由紀彦「『キカイ』の出現と生活世界」『近代・労働・市民社会——近代日本の歴史認識Ⅰ』ミネルヴァ書房、二〇〇五年。

中林真幸『近代資本主義の組織——製糸業の発展における取引の統治と生産の構造』東京大学出版会、二〇〇三年。

村上はつ「産業革命期の女子労働」女性史総合研究会編『日本女性史　第四巻　近代』東京大学出版会、一九八二年。

矢木明夫『日本近代製糸業の成立——長野県岡谷製糸業史研究』御茶の水書房、一九六〇年。

第8章 商工業者と同業組合

▼家業としての商工業とその集団

一 問屋と職人

●在来産業

本章では、中小の商工業者とその社会集団について取り扱う。図序-1の見取り図では、左下に当たる部分である。

近代日本における工業生産は、近代的工場制に統一されたわけではない。中小生産者（職人や、いわゆる「町工場」的な小規模工場）は根強く存続しており、農家副業による生産も重要な位置を占めていた。現在の経済史学では、これらは**在来産業**として、近代工業とならんで、近代日本経済の中で重要な位置を占めていたと考えられている［中村 一九八五］。

表8-1　工業有業者数（1909年）　［単位：人］

	非工場	工場			合計
		合計	5〜9人	1000人以上	
男性	1,630,586	400,014	66,275	111,823	2,030,600
女性	788,618	517,882	42,141	104,270	1,306,500
合計	2,420,078	917,896	108,416	216,093	3,337,100

出典　［沢井・谷本 2016: 147］

表8-1は、一九〇九（明治四二）年の、工業有業者数を示したものである。男女とも過半は「非工場」、すなわち五人未満の作業場で働く工業従事者、自宅や小規模な作業場で働く人たちであることがわかる。

●陶磁器業――窯屋と問屋

事例として、多治見を中心とする岐阜県東部（美濃国東部＝東濃）の陶磁器業を取り上げてみよう［宮地 二〇〇八］。

この地域は、茶碗、皿、徳利など、国内向けの日用陶磁器を生産する産地であった。東濃の陶磁器業は、江戸時代は幕領笠松代官所と尾張藩によって統制されていた。幕領代官所のもと、陶磁器を焼く窯屋《かまや》は、株仲間を形成しており、その窯株は三二に固定されていた。つまり、自由に窯屋＝陶磁器生産業を開始するわけにはいかなかったのである。そして、窯屋が生産した陶磁器の販売も自由ではなかった。陶磁器販売は、多治見の陶磁器問屋西浦円治と尾張藩の御用陶磁器問屋が一括して集荷し、手数料を徴収していた。つまり、窯屋の株仲間による独占的な生産と、特定問屋による独占的な集荷が行われていたのである。

この状況は、一八七二（明治五）年に、株仲間が廃止され、営業が自由化されることによって一変する。これによって、窯屋株の固定がなくなったため、窯屋数が急増したのである。一八九七年には、岐阜県土岐郡には六七七軒の窯屋が存在していた。販売についても、全国から多数の業者が直接、多治見に買い付けに来るようになり、江戸時代のように名古屋の特権的な問屋を経由することがなくなった。

こうした窯屋の経営規模は小さかった。明治期の調査によれば、職工数〇、つまり雇っている労働者がいない純然たる家族経営が一七・八%を占め、職工を雇っている場合でも多くは職工数五人未満の零細経営であった〔宮地 二〇〇八：一一〇〕。

●職人の独立

ここで雇われている職工の年齢層にも特徴があった。一五歳以下の若年労働力が一〇・八%を占め、早い場合は一二〜一三歳から陶磁器業に携わり始めている。職工数でみると二一〜二五歳の年齢層が最も高く（全体の二六%）、二六〜三〇歳の層から急激に割合を低下させていく。このことは、二六歳を過ぎたころから、陶磁器製造の職工は独立して独自の窯屋となる傾向があったことを示している。

具体的な独立の例をみてみよう〔宮地 二〇〇八：一一八〕。一九一七（大正六）年に独立した春田桂太郎は、愛知県東春日井郡水野村で、小作農家の次男として生まれた。一〇歳のときに「仕込み小僧」として、前貸金と引き換えに、岐阜県土岐郡市之倉村の春田善三という窯屋で働き始めた。その後、一〇年ほどその窯屋で働いたのち、善三の長女きしと結婚し、分家して独立した窯屋となっている。

同じく一九一七年に独立した宮川金作の場合は、一八九五（明治二八）年、笠原村の窯屋宮川惣九郎の次男として生まれた。同一村内の窯屋、古川広吉へ奉公に出され、その後、広吉の長女ゆりと結婚して独立した。以上の二例からは、窯屋の主が、有能な職工と娘を結婚させ、分家・独立させるというパターンが存在したことがみてとれる。

こうして分家・独立した窯屋と、独立前に勤めていた窯屋との関係はどのようなものだったのであろうか。春田桂太郎の場合は、妻の実家である春田善三家に対して、本焼工程前の生素地（半製品）を納入することで、独立を果たしている。つまり、元の勤務先（修業先でもあり、また妻の実家でもある）の下請けとしてまずは自立し、関係を保つのである。

窯屋と問屋の関係はどうなったのであろうか。江戸時代には、特定の特権的問屋が独占して集荷していたことは、先にみた通りである。これも明治に入り自由化され、窯屋は製品を誰に売ってもよいことになった。これまでの窯屋と問屋の固定的な取引関係は崩れたのである。

しかし、やがて、窯屋と問屋の関係は次第に再び固定的なものになっていった。ある窯屋は、ある同一の問屋と継続的に取引するようになってゆく傾向をみせるようになるのである。これは、江戸時代のように政治権力が問屋に特権を付与したためではなく、窯屋と問屋の取り引きの積み重ねの中で、両者の間に金融上の関係が生じたからである。その重要な要素が「仕送り窯」と呼ばれるものであった。これは、窯屋が陶磁器を焼く窯の築造に要する資金や、陶磁器製造に必要な原料買い入れなどの運転資金を問屋に依存する関係である。借入金の返済にあたり、窯屋は金融関係のある特定の問屋に商品を納入することになり、固定的な取引関係が生まれた。

このように、問屋と窯屋の関係は、明治の初期にいったん流動化した後、再び固定化される。しかし、その固定化は、金融を通じてであって、問屋への特権付与によってではないことに注意しておきたい。

二　農家副業

●農家副業としての綿織物業

東濃の陶磁器業は、専門的な技能をもつ職人によって営まれる在来産業である。一方、農家が副業として営む在来産業もある（↓第6章）。ここでは、農家副業の代表的なものとして、綿織物業を取り上げてみよう。

綿業は、①綿花を栽培する、②綿花から綿糸をつくる（紡績業）、③綿糸から綿布をつくる（織物業）の三段階から構成される。江戸時代には、この三段階はいずれも国内で、分業をともないつつ行われていた。しかし、幕末の開港によって、外国から機械でつくられた綿糸が輸入されるようになると、①と②はいったん崩壊してしまう。ところが、綿布生産については、機械製の安い綿布が輸入されても全面的に国内品が輸入品と置き換わることはなかった。欧米商人が持ち込む綿布が、日本で衣

表 8-2　織物業の生産形態（1905 年）

	合計	生産形態別			
		独立営業			賃織業
		工場	家内工業	織元	
戸数（戸）	448,609	3,097	138,833	14,370	292,309
織工数（人）	767,423	91,279	229,446	58,591	388,107
女性比率（%）	95.3	88.5	95.7	89.4	97.6
1 戸当たり織工数（人）	1.7	29.5	1.7	4.1	1.3

注　職工数 10 人以上が「工場」。
出典　［沢井・谷本 2016: 160］。

料として用いられる綿布の種類と同じではなく、依然として日本製の綿布への需要があったからである。そのため、綿織物業の産地の中には、輸入綿布に対抗できず衰退する産地もあった一方で、輸入された綿糸を用いて、綿織物生産を続け、成長する産地もあった［谷本 一九九八］。さらに、その後、企業勃興を経て、日本でも機械を用いた工場制の紡績業が興ると、そうした機械紡績糸を原料とする綿織物業が営まれた。

しかし、綿糸を生産する紡績業が機械化されたのに対して、織物業の機械化は進まず、**表 8-2** のように小規模な形態での生産が広く残った。

●織元と賃織

そうした綿織物産地の一つとして、埼玉県入間《いるま》地方の場合を取り上げよう［谷本 一九九八］。入間地方では、一八七〇年代までは農家副業によって生産された織物を農村在住の仲買商が買い集め、それを集散地の問屋に売りさばいていた。一八八〇年代の半ばから、仲買の一部が、綿糸を買い入れ、染物屋で染色加工したのち、副業として織物を生産する農家に渡す方式がとられるようになった。これによって、入間地方で生産される綿布の品質は統一され、向上した。

綿織物業では、このように綿糸を仕入れて製造者に前貸しする商人を**織元**、原料の前貸しを受けて織物を生産する者を**賃織**《ちんおり》という（図8-1）。賃織は広く農家の副業として行われ、農家は、農閑期に、余剰家族労働力（主として女性）を織物労働に従事させ、稼ぎを得ていた。農家は、農閑期には仕事

図8-1　織元と賃織の関係

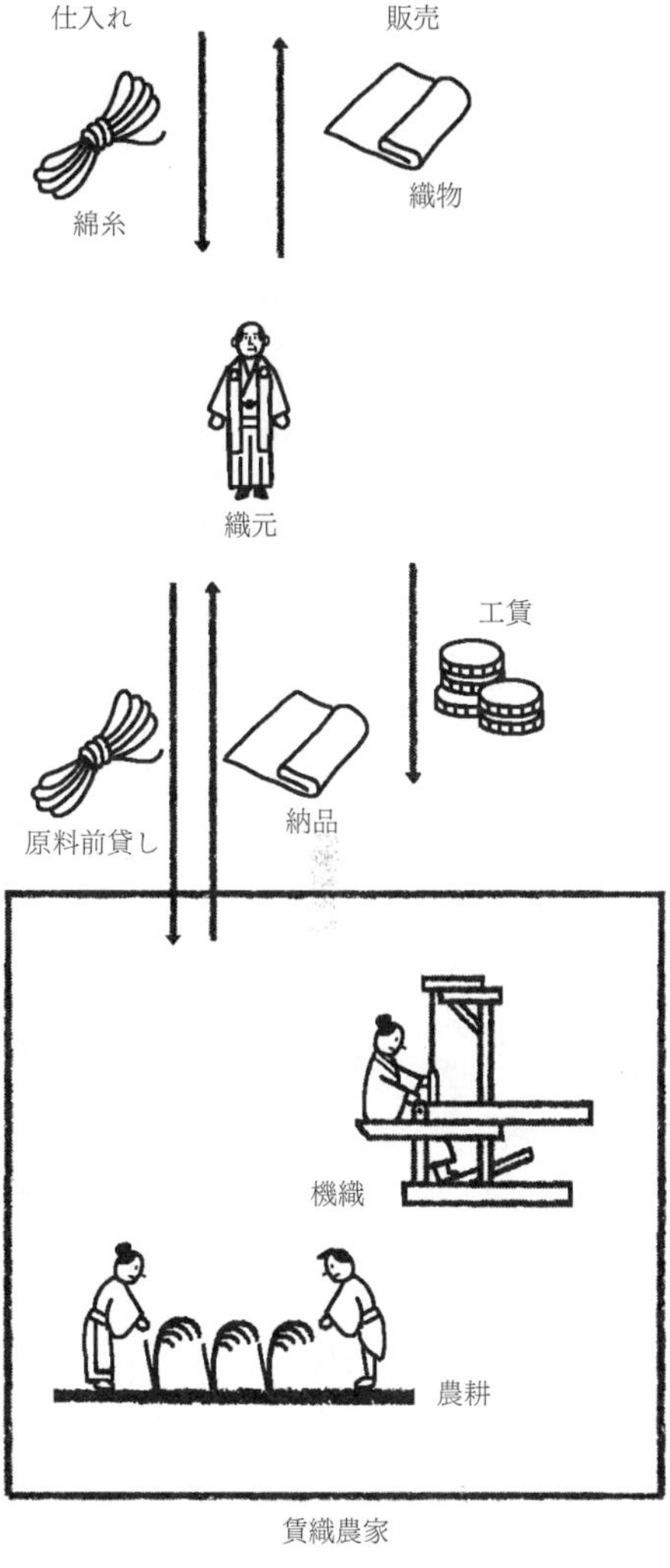

がないので、比較的安い賃金でも労働する。それによって織元は低賃金で商品を製造させることができた。

ここまで、陶磁器業と織物業という二つの在来産業の事例をみてきたが、共通して、「家」が取引の基本単位であることが、その特徴として挙げられる。窯屋も、農業の副業としての賃織も、問屋や織元も、いずれも「家」の仕事＝「家業」として、それを営んでいる。また、職人の「家」で働く職工が親方の娘と結婚している例があることからもわかるように、徒弟はしばしば、職人の「家」の構成員として扱われる。職人の「家」で働く職工は、若年で雇用され、「家」内部で徒弟として熟練を身につける。そして、一定年齢になると独立して、自分の「家」を構える（おそらくそれに失敗する例も多数あり、そうした場合の受け皿となるのは、第9章で説明するような都市下層社会であろう）。

また、問屋と職人はともに、江戸時代と異なり、特権的で固定された集団をもたない。しかし、問屋と窯屋、織元と賃織のように、両者は、資金や原料の前貸しといったかたちで、ある程度固定的な関係をもっている。しかし、この固定的な関係は、何らかの法制度によってつくられたものではなく、経済的取引の結果として固定されているにすぎないものである。

三　同業組合とその機能

●株仲間から同業組合へ

では、このように「家」単位で構成される在来産業セクターは、何も社会集団をもたないかと言えばそうではない。明治期の中小商工業者には「同業組合」というものが存在した。

江戸時代の株仲間は、その仲間に加入しなければ営業できないという特権を与えられていた。また、その仲間に加入できる者の数（株数）を固定し、その特権を幕藩領主に認めてもらうのと引き換えに、領主に運上・冥加という名目で金銀を上納し、あるいは何らかの「役」を負っていた。株仲間とは、こうした役目を担っていた、近世社会を構成する社会集団の一つであった。こうした仲間組織は社会の中から絶えず生み出されたが、幕藩制国家から公認されることを通じて、初めて社会の中で安定した位置づけを得ることができた。

しかし、幕府の天保改革によって、いったん株仲間は解散させられ、天保改革失敗後に復活するものの、以前のように、株数を固定することはできなくなった［吉田 二〇〇五］。

この状況を背景に、一八七二（明治五）年から七三年にかけて、各府県の命令によって株仲間は解散させられる。しかし、同業者の組合自体はその後も消滅することはなく、独占・新規営業の阻害とならない限り、府県もそうした存在を認めている［宮本 一九五七］。

何らかの組合の必要性は、商工業者の側から求められたものだった［藤田 一九九五］。特に、大阪商法会議所は、積極的に同業者の組合を法制化することを求める運動を展開している［宮本 一九五七、藤田 一九九五］。商人たちは、株仲間解散の結果、商取引に関する規律が緩んでいると認識していた。

一八七八（明治一一）年九月の大阪商法会議所の決議では、株仲間の解散後、商売を営む者は「一人一己の利」に走り、同業者が協力するという習慣がなくなったため商業が衰えている、と指摘している。参入も退出も自由になると、契約違反や粗製濫造といった問題が起こりやすくなり、市場が混乱することを彼らは問題視していた。

こうした動きに呼応して、一八八四（明治一七）年一一月、農商務省は**同業組合準則**という法令を定めた。この準則は、同業者間の福利と「濫悪ノ弊害」の除去をめざして、一定地域の同業者の四分の三の同意で組合が結成され、組合が結成されれば他の同業者は原則としてそれに加入しなければならないことが定められると同時に、組合は営利事業は行えないことが定められていた〔白戸 二〇〇四〕。

政府がこの準則を定めた主たる目的は「粗製濫造」対策、特に輸出品の品質低下防止にあった。何らかの規律のない自由参入の製造が続いていると、安価で粗悪な製品が生産され、それが輸出された場合、日本製品の評価が全体として低下し、輸出が低調となることをおそれたのである。しかし政府は、同業組合には、株仲間のような特権は与えない方針をとっていた。すなわち、同業者の数を制限すること、組合で生産量を制限すること、賃金や価格、流通経路を限定することなどは認めない方針であった。また、組合が結成されれば強制加入になるとはいえ、加入拒否者に罰則は科せられず、組合規則違反に対しても、規則内に罰則や除名処分を規定することは認めないこととされていた〔白戸 二〇〇四〕。政府の政策としては自由競争が前提だったのである。

●同業組合の規約

ところが、実態としてはこれと異なる部分も存在した。例えば、一八八六（明治一九）年、和歌山県の名草海部《なぐさあま》二郡フランネル織同業組合の規約には、職工に対する賃金を組合で一定とすること、また職工の引き抜きを行わないことを定めた条項がある［藤田 一九九五：六七］。また、愛知県中島郡の織物業者の組合では、一八九九（明治三二）年に、織物の工賃を、作業場で働く労働者に対しても、賃織に対しても、同年六月末までは一割切り下げ、七月一日から二割上げる、といった賃金の協定を結んでいる(1)。

こうした職工の賃金協定を含む規約はかなり広範に存在し、政府は府県に対して、こうした規約を認めないように指示を出している［白戸 二〇〇四］。こうして、政府の政策と乖離《かいり》して、法の裏づけのないまま、賃金や生産量の調整が、商工業者たちの約束というかたちで広まってゆく。

和歌山県のフランネル織同業組合の規約にみえる職工引き抜き防止は、諏訪の製糸同盟（→第7章第三節）の機能と同じである。ただし、諏訪の製糸同盟は、同業組合準則に基づく同業組合の形態はとらなかった。このように、同業組合準則に定める同業組合ではなく、任意の団体が、職工引き抜き防止や賃金協定の役割を担うこともあった。例えば一八八五（明治一八）年一〇月一七日、和歌山県西牟婁《にしむろ》郡田辺町では、商人たちが業種を問わない「商賈《しょうこ》雇主組合」を結成し、被雇用者を雇い入れる際の年齢や、被雇用者を引き抜かないことを規定している(2)。その中には、被雇用者は帽子や襟巻をしてはならない、羽織は雇主の許可がなければ着用してはならない、衣服は木綿に限る、といった規定がある。この規約は雇主と被雇用者との間で交わされた規則ではなく、雇主どうしの規約なのであるから、特定の雇主のみが被雇用者を厚遇することを禁じ、町内の商人が足並みを揃えようとした規約であるといえる。これは、地主どうしが、小作人との関係で足並みを揃えようとして結んだ規則とよく似ている（↓第6章）。

●規約違反と紛争

しかし、同業者の組合もまた、横並びを定めたルールを破り、抜け駆けすることが可能な集団であった。例えば、一九〇七（明治四〇）年一二月、東京の米穀商鈴木倍次郎は、日本電報通信社と組んで、新聞各紙に「お米の大売出し」という広告を出し、「今時の米屋には悪い事をするものが多」いとして、最初はよい米をもってくる米屋も、購入を続けていると次第に台湾米（当時、日本の植民地であった台湾で生産された米で、食味が落ちるとされた）や古い米を交ぜたり、量をごまかしたりするようになると批判している。そして、「安くてよいお米」を、日本電報通信社を通じて販売し、さらに一等一〇〇円の商品券から五等の「誰でも喜ぶ物」までの景品が当たる福引券を付けると発表した。(3) これに対して東京白米商同業組合は、新聞広告を出し、この行為が組合の規約に違反しているとして七〇〇円の制裁金を科すことを発表し、組合が出した新聞広告に要した費用の支払いを鈴木に求めた。(4)(5)

東京白米商同業組合は、市場の動向に応じて白米価格の「標準相場」を定め、組合員はこの相場によって販売することを規約に掲げていた。(6) 鈴木倍次郎の出した広告は、これよりも安い価格で販売することを公然と告知したものであったため、白米商組合が反発したのである。一方、価格協定に類する「標準相場」には米購入者からの批判も強かったようで、白米商組合側は、次のように弁明している。「標準相場」はあくまで標準であって、それより高く売ってはいけないという基準ではあるが、各白米商がそれより安く売ることを否定するものではない。ただし、鈴木倍次郎の行為は、公然とそれを広告したことによって、過剰な競争を惹き起こし、低品質な米を低価格で販売する者が現れかねないので問題である。一方の鈴木は「旨味《うま》くて安い米を売るは米屋の義務で且つ国民の利益」と主張して、白米商組合の要求には従わなかった[7]。対立は訴訟となったが、組合側の敗訴に終わった。当時の新聞は、「細民泣せの組合は全く面目を失へり[8]」と、鈴木の側に好意的に報じている。「国民の利益」を盾にとった鈴木の抜け駆け的な「お米の大売出し」は、人々から支持され、法的にも白米商組合側には価格協定を守らせる力はなかったのである。

●同業組合法制と社会集団の性格

法制面では、一八九七（明治三〇）年に、同業組合準則とは別に、輸出品の品質向上という目的をさらに重視して、重要輸出品同業組合法が制定された。同法に基づく組合には、未加入者に対する罰則の規定が設けられたが、同時に同業組合準則の改正が行われ、こちらは強制加入ではなくなった。同法に基づく組合と、同業組合準則に基づく組合とが併存することになったのである。さらに一九〇〇（明治三三）年に重要輸出品同業組合法は重要物産同業組合法にとってかわられ、対象品目は輸出品に限定されなくなった〔白戸 二〇〇四〕。

同業者の組合には、問屋と仲買、生産者など、同一の産業にかかわる者が一つにまとめられる場合と、問屋のみ、小売のみ、といった分離型の組合の双方があった（重要輸出品同業組合法および重要物産同業組合法に基づく組合は、生産者と販売者の双方を含むことが法によって定められている）〔藤田 一九九五、伊藤 二〇一六〕。問屋と生産者などが同一組合に組織される場合、組合内で問屋が主導的立場に立つことはありえた。しかし、組合そのものには、販路を限定する権限は与えられていない。問屋と生産者との関係は、あくまで原料や資金の前貸しなど、金融的な関係を軸としたものである。

以上のように、何らかの法令に基づくものも、そうでないものも、近代日本の同業者組合は、株仲間解体後の流動的な取引状況をいったん経てから出現したものであり、単なる株仲間の連続とはみなせない。また、政策的にも、政府は価格協定や賃金協定を組合の機能として認めているわけではない。ただし、実際には組合はそうした機能をもつことがしばしばある。しかし、そのような機能は政府による公認の裏づけをもたない。あくまで同業者間の申し合わせである。したがって、同業組合準則にはそもそも加入を強制する具体的な方法がなかったことも含めて、こうした諸組合もまた、「抜け駆け可能な社会集団」であるとみることができる。

注

（1） 愛知県史編さん委員会編『愛知県史　資料編二九　近代六　工業一』愛知県、二〇〇四年、二八〇頁。
（2）和歌山県史編さん委員会編『和歌山県史　近現代史料五』和歌山県、一九七九年、一一八頁。
（3）現在の電通の源流である。
（4）『東京朝日新聞』一九〇七年一二月二日。
（5）『東京朝日新聞』一九〇七年一二月一四日。
（6）「普通第二種　添申録〈農商課〉」（「東京府文書」618. A4. 09　東京都公文書館所蔵）。
（7）『東京朝日新聞』一九〇七年一二月一五日。
（8）『読売新聞』一九一一年五月一日。

■もう少し勉強したい人のために

沢井実・谷本雅之『日本経済史——近世から現代まで』有斐閣、二〇一六年。

大企業や新しい産業だけに注目するのではなく、家・村・地域、都市の自営業、そして中小企業といった、歴史的に積み重なる複層的な要因を重視した日本経済史の概説書である。小経営によって担われる経済活動の位置づけが第三章で述べられている。


中村隆英『明治大正期の経済』東京大学出版会、一九八五年。

在来産業論と呼ばれる研究潮流を主導した研究者による論文集。在来産業のより立ち入った構成や、その量的比重について述べられている。

□その他参照文献

伊藤久志『近代日本の都市社会集団』雄山閣、二〇一六年。

白戸伸一『近代流通組織化政策の史的展開――埼玉における産地織物業の同業組合・産業組合分析』日本経済評論社、二〇〇四年。

谷本雅之『日本における在来的経済発展と織物業――市場形成と家族経済』名古屋大学出版会、一九九八年。

藤田貞一郎『近代日本同業組合史論』清文堂出版、一九九五年。

宮地英敏『近代日本の陶磁器業――産業発展と生産組織の複層性』名古屋大学出版会、二〇〇八年。

宮本又次『日本ギルドの解放――明治維新と株仲間』有斐閣、一九五七年。

吉田伸之「伝統都市の終焉」歴史学研究会・日本史研究会編『日本史講座七　近世の解体』東京大学出版会、二〇〇五年。

第9章 職工と都市雑業層

▼「家」なき働き手と擬制的な「家」

一　工場における労務管理

●重工業労働者の特徴

本章では、図序-1で示した見取り図の、右側の世界で働いていた人々の結び付きについて扱う。明治期と江戸時代の社会を区別する特徴の一つが、工場での集団的な労働のあり方が出現した点にあることは言うまでもない。明治期における機械制大工場は、綿糸紡績業、造船、機械などを中心として広まった。しかし、表8-1で示したように、工場労働者の数は、全工業の有業者数からみれば多くはない。

特に、重工業労働者は、官営工場労働者の比率が高いという特徴がある（図9-1）。中でも、陸

図9-1 重工業職工数の推移

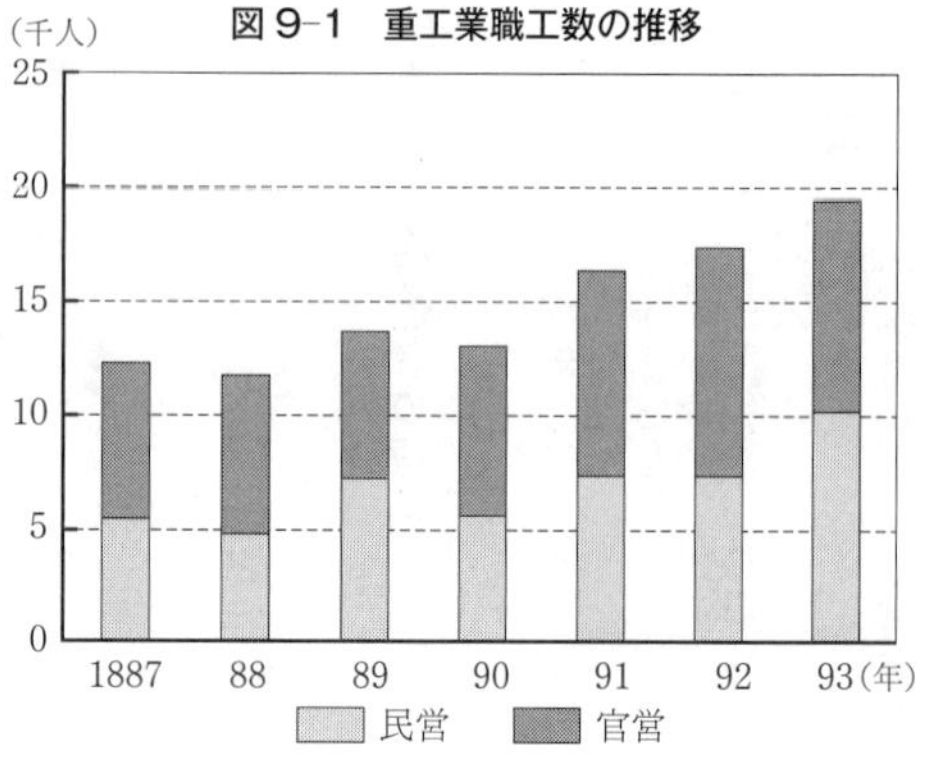

出典 ［兵藤 1971: 59］より作成。

軍・海軍の兵器や、そこで用いられる諸機械、あるいは機械を作る機械（工作機械）を製造する軍工廠《ぐんこうしょう》（大阪・東京砲兵工廠＝陸軍[1]、横須賀・呉海軍工廠＝海軍）は、明治期日本では、突出した規模をもつ工場だった。

こうした重工業労働者のありさまはどのようなものであったのだろうか。『職工事情』は、造船・機械製造などにかかわる労働者（**鉄工**と総称された）の中に、旋盤工、鍛冶工、製缶工（ボイラー製造に携わる職工）、鋳物工、木工、塗工などの諸職種があったことを挙げ、その中のいくつかは、近代的な工業以前から存在する熟練を生かすことができたと述べている。例えば鍛冶工はかつて鍛冶職人であった者が、製缶工は銅壺《どうこ》職人（金属製の器物をつくる職人）であった者が、鋳物工は鋳物職人であった者が、木工は大工であった者がかかわっているといった具合である。そのため、これらの工場で働いているこれらの職種の中には、工場以外、つまり独立した職人（例えば「鍛冶職」）として働いていた者が工場内に転じる場合もあったという。これに対して、在来の職人の中にその対応する仕事が存在しない、旋盤工のような職種には、士族や「書生上がり」の者がいたことが述べられている。[2]

また、軍事的緊張によって小銃の需要が高まったことによって、幕末には鉄砲鍛冶の数が一時的に膨張する。金属加工の技術を身につけた彼ら鉄砲鍛冶は、鉄砲以外の金属加工・機械工業の労働者の供給源ともなっていた［鈴木 一九九六］。このように、明治期の工場は、職人的な背景をもった労働者が多かった。それに相応して、彼らの熟練のあり方も、多分に、外側からは評価が難しい「経験と勘」の世界だった。

●親方－子分関係

こうした技術のあり方は労務管理のあり方に影響を与える。すなわち、労働者一人一人を工場経営者が直接把握できず、現場がわかっている人に委ねるしかないという状況が生まれるのである。「経験と勘」の世界では、誰がその仕事に適性をもち、誰が優秀な技能をもっているかについて、外側からはうかがい知ることが難しいからである。その結果、熟練した「親方」職工が、作業グループの長（職長）となり、作業を指揮・監督するという労働形態が中心となっていた［兵藤 一九七一］。

親方職工の権限には、工場によって違いがあった。それは、配下の労働者への賃金配分の権限をもつかどうかで大きく二つの型に分けられる。一つは、親方が経営側から特定の作業を請け負い、配下の労働者の賃金もまとめて受け取って、それぞれの労働者への賃金配分も親方が決定する型である。こうした親方の権限が強いタイプは、民間の中小工場を中心に、民間大工場の一部にもみられた。もう一つは、個々の労働者の賃金額の決定は経営側が行い、親方の権限は、配下の労働者の指揮・監督にとどまる型である。こうした親方の権限が弱い型は、軍工廠および民間大工場を中心にみられた［池田 一九七〇、西成田 一九八八］。もっとも、こうした場合でも、個々の労働者の技能をよく把握しているのは親方職工であるので、職工の採用や昇給に際しては親方が一定の発言力をもった。

親方職工の権限が大きい職場では、ある仕事を、複数の職長の競争入札に付して、より安い値段で落札した親方のグループに請け負わせることも行われていた。

こうした親方的な労働者による作業の請負、労働者の管理には、賃金の中間搾取《さくしゅ》や賄賂《わいろ》がつきものだった。採用や賃金決定の権限を親方が担っているので、職工は親方に逆らうことは難しく、その間に不正が生じやすいわけである。しかし、こうした関係は、職工の面倒を親方がみるという関係とも表裏一体であった。

親方職工の権限が大きい工場では、親方のもとに、一種の徒弟制度が存在している場合があった。形式的には工場が雇うが、実際には、職工の見習いを親方職工が弟子として採用しているような場合である。再び『職工事情』によれば、こうした場合は、一四、五歳から二〇歳前後までの期間、親方の家で暮らし、衣類や食費は親方より支給される。工場から支払われる徒弟分の賃金は、親方が受け取って、これらの衣食の費用に充てられる。(3) このようにして熟練労働者としての技術を身につけるのである。こうした状態は、在来産業の徒弟のあり方にかなり近い（↓第8章）。

以上の通り、親方職工の権限の強弱はあるにしても、明治期の工場の特徴は、「親方」と呼ばれる熟練労働者を中心に組織されていた点にあった。

親方と一般職工（子分）・徒弟という単位は、「親」「子」という単語から読み取れるように、一種の擬制的な「家」と考えることができる〔東條 二〇〇五〕。明治期の工場は、こうした擬制的な「家」が、多数埋め込まれているような状態にあったと言えよう。

二　職工の家族形成とキャリアパス

●労働者の共稼ぎ家族

表9-1は、『職工事情』に掲載されている、三菱造船所職工の家族状況である。ここから、工場労働者の中には、妻をもち、家族を形成している者も数多くいたことがわかる。

とはいえ、工場労働者の妻が専業主婦であったわけではない。そこでは、夫婦共稼ぎ（内職含む）が一般的であった。一八九七（明治三〇）年に、最初期の労働運動組織の一つ「職工義友会」が発した「職工諸君に寄す」の中には、「工場制による生産が盛んになるとともに、家を守るべき妻も家を出て工場で働き、子どもさえも機械とともに働くことになる」(4)という趣旨の記述がある。この文章は、特定の家族のあり方を「正しい」家族のあり方と考える立場、具体的には「妻は家

表9-1　三菱造船所職工の家族状況（1903年ごろ）

家族状況	人数
妻子その他と同居するもの	1,814
その他の家族と同居するもの	1,150
独身者	2,104

出典　犬丸義一校訂『職工事情』中，岩波文庫，1998年，24頁より作成。

図9-2 「先山」と「後山」

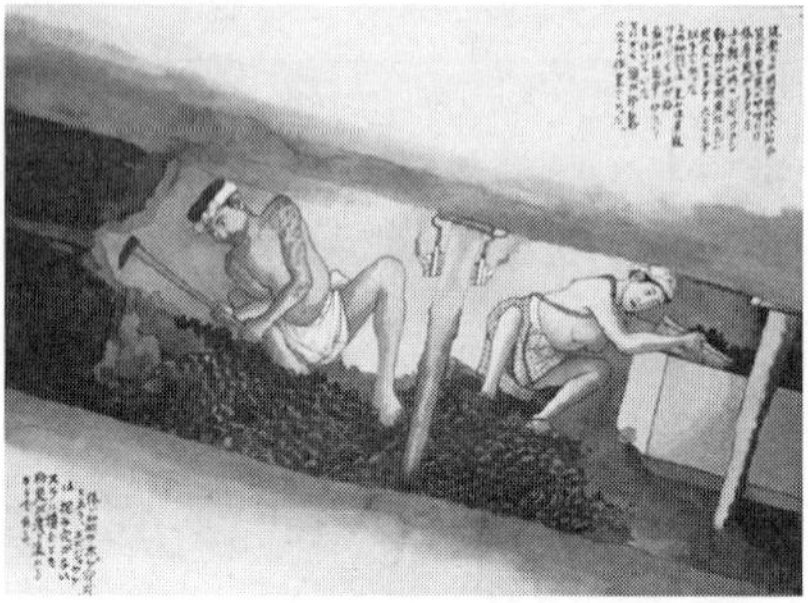

出典 山本作兵衛画。田川市石炭・歴史博物館蔵。© Yamamoto Family

庭で家を守り、子どもの世話をするべきである」という価値観から書かれていることに注意すべきだが、それを措いても、夫婦の共稼ぎが工場労働者において一般的であったことは読みとれる。

また、筑豊の炭鉱では、狭い坑道の中で男性鉱夫が石炭の採掘にあたり（これを「先山《さきやま》」と呼ぶ）、その後ろで女性が石炭の搬出を担う（これを「後山《あとやま》」と呼ぶ）、ペアでの作業が広くみられた。この男女ペアは夫婦であることが多く、坑道内に子どもを連れてゆくこともあった［野依 二〇一〇］（図9-2）。

農家の「家」経営体でも、家庭の内・外という性別役割分業は生じていないことは説明したが（→第6章）、工場労働者家族においても、そうした性別役割分業は、この時代にはまだ発生していない。

● 渡り職工と独立

そして、この時代の工場労働者の勤続年数は後年に比べ短かった。一九〇二（明治三五）年時点で、呉海軍工廠で働く労働者のうち、勤続五年以上の者は一九・〇％にすぎなかった[5]。つまり、工場労働者は職場を転々と替えていたのである。

ある工場をやめた労働者は、いわゆる**渡り職工**となり、さまざまな工場を経験して技能を磨き、やがては親方職工となる者もある。しかし、彼らの最終的なキャリアの目標は、ある会社・工場内での出世ではなく、独立して自ら小工場の経営者となることであった。すなわち、独自の「家」経営体を形成することが、彼らの目標だったのである。

一例を挙げよう［尾高 二〇〇〇：一一二〜一一四］。今日でも自転車メーカーとして後継会社が存在する宮田製作所の創立者、宮田栄助は、一八四〇（天保一一）年生まれで、農家の育ちであった。彼は当初、鉄砲鍛冶となるが、明治維新後、人力車の組み立てを職業とした。この収入をもとに、一八七六（明治九）年に上京し、小石川の陸軍砲兵工廠に勤務した。このときの彼の給与は日給一円で、これは当時の労働者の給与としてはきわめて高く、彼の技能が砲兵工廠で高く評価されていたことを物語る。ここで技術を磨いた栄助は、一八八一年に独立し、京橋に製銃工場を設立し、陸軍の標準銃である村田銃を製作した。

栄助の次男政治郎は、鉄砲鍛冶として修業したのち、いちど父の工場に勤めたが、一八八七（明治二〇）年、大阪砲兵工廠に入った。これは精密な機械技術習得の必要を感じたためと言われている。その後、砲兵工廠から田中久重工場（のちの東芝）に移り指導を仰ぎ、宮田工場に戻って同工場の指導的立場に立った。宮田製作所は、一九〇二年に自転車製造に転じ、輸入工作機械を多数導入して生産を行ったが、工作機械を用いる技術は政治郎が砲兵工廠から持ち帰ったものだったのである。

職工たちは、工場内で、親方－一般職工（子分）という擬制的な「家」を形成していたが、それはあくまで擬制的なものにすぎない。彼らの目標は、小経営（町工場）という、本来的な「家」を興すことにあった。明治期の社会では「家」単位で生活し、働くというのが標準的な生活とみなされていたことがここに現れている。

三　都市雑業層

●貧民窟に暮らす人々

同じく「家」単位の生活を営まず、工場労働者よりもさらに低い生活水準で暮らしていたのが、スラム（「貧民窟」と呼ばれた）に暮らす都市雑業層であった。雑業層の職業は、日雇いの不熟練労働者（土木・建設）や人力車夫、運輸労働者といったものであった［中川 一九八五］。

都市雑業層の特徴は、安定した家族を形成しておらず、単身者が多いことにある。貧民窟のルポルタージュとして知られる、横山源之助『日本之下層社会』（初版は一八九九年）には、貧民窟では、広くても六畳、大抵は四畳の部屋に、夫婦・子ども、同居者など五、六人が住んでいるのが普通であった、と述べられている。狭い一つの住居に居住している人々の年齢もさまざまで、一時的にそこに滞在しているような人も多い、このような住まい方が貧民窟の特徴である、父、母、子どもからなる家族ばかりではなく、年齢層もさまざまなら、同居者が血縁・婚姻関係にある者ばかりとも限らない、というのである。加えて、横山は、「夫婦」と言っても、正式に戸籍上の結婚をしている夫婦は稀《まれ》で、夫婦喧嘩が絶えない、とも述べている。

これまでみてきたように、明治期日本社会において、農工商の経営の単位は「家」であり、その「家」が、農業、商工業の各セクターで、緩やかで、かつ抜け駆け可能な社会集団を形成しているという特徴があった。工場労働者は、こうした「家」単位で労働するわけではなく、工場という職場と、それとは空間的にも機能的にも分けられた自分の「家庭」をもっていたが、その「家庭」は男性の稼ぎ手と女性の専業主婦、子どもからなるような家庭ではなく、男性も女性も働く家庭であった。かつ、工場内には、親方‐子分の擬制的「家」が多数埋め込まれており、彼らの将来的な目標は、独立して、自分の「家」業たる小工場を経営することであった。これに対し、明治期社会において、最貧困層を形成する都市下層社会の特徴は、「家」を形成しておらず、また「家」形成の可能性を断たれている（社会的上昇の可能性がない）点に存在した。

●都市雑業層の同職集団

それでは、都市雑業層は何のつながりももたない、バラバラの個人の群れなのかと言えば、それはそうではない。

日雇労働者の間にも、親分‐子分関係が存在した。例えば、東京・深川における「米穀三業組合」の事例を紹介しよう［藤野 二〇一五］。三業とは艀《はしけ》業者・水揚《みずあげ》業者・小揚《こあげ》（蔵入《くらいれ》）業者のことである。

深川は、明治期東京の米流通の拠点であり、米問屋が集結していた。三業組合は、米問屋から請け負ってからの米の輸送、荷揚げ・蔵入れを扱う業者の団体であり、米問屋が同業組合を結成するのに対抗して、この仕事を請け負う運送業者たちも組合を結成していた。この組合は、実質的には日雇労働者供給業者の団体であった。請負業者たちは「人夫部屋」をもち、そこに労働者を集団で住まわせ、仕事を差配し、給与をピンハネするのである。こうした「部屋」にはそれぞれ「親方」がおり、子分を指揮・監督していた。

もう一つ、北海道における土木労働者の集団を挙げておこう。北海道で道路建設などに従事する仕事は、苛酷な気象条件のもとでの厳しい労働で知られていた。彼らは、「タコ部屋」と呼ばれる住居に起居し、集団生活をしながら働いていた。

この「タコ部屋」労働者には階層性があり、下から、下飯台《したはんだい》→中飯台《なかはんだい》→上飯台《うわはんだい》→小頭《こがしら》という序列になっていた。下飯台から中飯台に上がるときに、小頭と親分・子分の杯を交わし、仁義の切り方を教わる習慣があった。つまり中飯台に上がるときに、集団の一員として認められるのである［東條 二〇〇五］。ここでも、擬制的な「家」、「親分‐子分」関係による集団化、組織化がなされていたことがわかる。

以上のように、日本近代社会では、工場労働者も、都市雑業層（単純労働者）も、擬似的な「家」としてまとまりをつくろうとする傾向がある。「家」は、本来、農家や中小商工業セクターのものであるが、「家」が、その他の部門にも遍在して現れる、一種の社会関係のパターンとなっていることがわかる。

工場労働者は、都市雑業層から比べれば高い賃金を得ており、その生活の安定度も高かった［西成田 二〇〇七］。しかし、日本近代社会の標準的な労働と生活の場である「家」をもたず、職場において擬制的な「家」を形成しようとする点で、社会集団としては類似の性格をもっていた。明治期の「職工」が、しばしば、雑業層とともに「下層社会」の構成員とみなされ、ともすれば蔑視の対象となったのはそのためである。

注

（1）東京の砲兵工廠は現在の東京ドームシティ（旧後楽園遊園地）に、大阪の砲兵工廠は大阪城ホールを含む現在の大阪城公園東側近辺に置かれていた。
（2）犬丸義一校訂『職工事情』中、岩波文庫、一九九八年、二三頁。
（3）同右、五八頁。
（4）片山潜・西川光二郎『日本の労働運動』岩波文庫、一九五二年、二〇頁。
（5）注（2）前掲書、二七頁。

■もう少し勉強したい人のために

松沢裕作『生きづらい明治社会——不安と競争の時代』岩波ジュニア新書、二〇一八年。
中学生・高校生向けに書かれた明治社会史の入門書。第二章が都市雑業層の説明にあてられている。

尾高煌之助『新版　職人の世界・工場の世界』NTT出版、二〇〇〇年。

金属加工・機械工業・造船業を中心に、在来の職人が、熟練工として近代的な工場の中で果たした役割について検証した書。職人が工場勤務を経て小工場主となった事例を多く紹介している。

□その他参照文献

池田信『日本機械工組合成立史論』日本評論社、一九七〇年。

鈴木淳『明治の機械工業――その生成と展開』ミネルヴァ書房、一九九六年。

東條由紀彦『近代・労働・市民社会――近代日本の歴史認識Ⅰ』ミネルヴァ書房、二〇〇五年。

中川清『日本の都市下層』勁草書房、一九八五年。

西成田豊『近代日本労資関係の研究』東京大学出版会、一九八八年。

西成田豊『近代日本労働史――労働力編成の論理と実証』有斐閣、二〇〇七年。

野依智子『近代筑豊炭鉱における女性労働と家族――「家族賃金」観念と「家庭イデオロギー」の形成過程』明石書店、二〇一〇年。

兵藤釗『日本における労資関係の展開』東京大学出版会、一九七一年。

藤野裕子『都市と暴動の民衆史――東京・一九〇五―一九二三年』有志舎、二〇一五年。

第10章 都市の姿

▼有産者の結合と都市計画

一 「町」の解体と区・市

●都市の規模

本章では、第9章で取り上げた商工業者・労働者・都市雑業層の生活の場である都市のあり方を取り上げる。

一口に都市と言っても、その規模の大小はさまざまである。一八八九（明治二二）年、市制・町村制（↓第3章）が施行された際、「市」とされた都市は三九あった。おおよそ人口三万人以上が基準とされ、三九市のうち、三二市が府県庁所在地である〔大石・金澤 二〇〇三：三二〜三三〕。一方、県庁所在地でも、市に指定されていない都市もある（埼玉県浦和町など）。市の数は一九一七（大正六）年末までに七一に増えた（北海道・沖縄を除く）。

これらの都市のうち、市制施行時に人口が一〇万を超えていた東京、大阪、京都、横浜、名古屋、神戸は「六大都市」と呼ばれた。本章では、その中でも、近世に「三都」と呼ばれた東京・大阪・京都の三つの大都市に絞り、その空間と支配の関係に重点を置いて概観してゆきたい。

●「町」の解体

近世都市の基本単位は「町」であった。しかし、江戸では、近世中後期には、不在地主の増加によって、町に住居と店舗を所有する町人が町という地縁的集団を形成するというあり方は崩れていた（→第1章）。その土地に住まない地主は、町屋敷ごとに、代理人である**家守**《やもり》を置き、町の実質的な運営メンバーは家守たちになる。家守は、法令の伝達や、町に関する願の提出という町の公的な業務にかかわる一方で、地主の代理人として、地代・店賃《たなちん》（家賃）の徴収にあたった。家守は、肥料として汲みとられる屎尿《しにょう》の代金を自らの収入としていたが、代理人である家守もまた、中間で収入を得るだけの存在となり、実際の町屋敷管理のためにさらなる代理人（下家守）が置かれることもあった［岩淵 一九九三］。

このような重層的な管理は町の行政機構の弛緩《しかん》を招き、維新期には脱籍浮浪人対策（→第2章）上の問題とみなされるようになる。東京府は、一八六九（明治二）年に家守の町用取り扱いを禁止した。家守は公的な行政機構から排除され、地主の代理人としての任務に限定されるようになる（一八七三年差配人と改称）〔森田 二〇〇六〕。「町」という行政単位自体が明治維新によって消滅したわけではないが、東京では、「大区小区制」期を通じて町の機能は低下し、小区レベルに業務が集約される方向に進む。

図 10-1　東京 15 区（1878 年）

出典　［石塚・成田 1986: 52］

●地方三新法期の区・学区

一八七八（明治一一）年の郡区町村編制法では、都市部には区が置かれることになり、東京では、日本橋区、京橋区をはじめとする一五の区が置かれ、それぞれ区役所が設けられた（図10-1）。郡区町村編制法の上では、東京の各町も、区の下に位置する単位として存在し続けたが、各町に戸長が置かれることはなく、区長が戸長の任務を兼ねた。町に残された最後の機能は、区からの法令を住民に伝達することであったが、これも一八八〇年に廃止された［森田 二〇〇六］。

一八七九（明治一二）年、東京府知事楠本正隆は、後任府知事への引継書の中で、一五区は、人の出入りが激しいために人々のつながりが弱く、安定した事業を支えるという意識も薄い、と述べている(1)。都市・東京では、明治期には町単位のつながりは薄れ、近世には存在しなかった地理的単位である区が、その流動性の高い社会を統治する状態に至る。区には、府庁の出先機関としての役割のほかに、小学校を維持するための財産管理という機能がある。例えば、東京の日本橋区では、一八八七年時点で、公立八校に四二〇一人の児童が通っていたほか、三四五九人の児童が私立小学校に通っていた。明治期の東京では、私塾の系譜をひく私立小学校のほうが教育水準・授業料ともに低く、公立小学校のほうが、授業料も教育水準も高かった。特に一八八六（明治一九）年以降、公立小学校が区費からの補助を受けず独立経営に移行し、事実上授業料と寄付金に依存するようになると、その傾向は顕著になる［土方 二〇〇二］。それゆえ、東京の区では、後に述べる大阪・京都のような学校を単位とした連合町ごとのまとまりも生まれにくかった［池田 二〇一九］。

その後も、町単位で、地主・差配人が親睦や火災予防、安全維持のための組織をつくることはあったが［大岡 二〇〇六］、これもまた、近代日本の多くの社会集団と同様に、法的裏づけのない互いの約束に基づく組織である。

大阪では、一八七二（明治五）年に町の合併、分割が行われ、さらに複数の町を組み合わせた町組《ちょうぐみ》が設置される。この町組は小区となり、かつ小学校維持の単位＝**学区**となってゆく［原田 一九九七］。

郡区町村編制法のもとでは、大阪には東・西・南・北の四つの区が置かれた。大阪の場合、戸長は区長と別に任命されたが、戸長は各町に一人ではなく複数町で一人置かれた。近世の大阪では、家屋敷の売買に際して町の承認が必要だったが、この制度は一八八〇年ごろに廃止された。個別の町はこの時期に機能を失ったとみられ、以後、大阪では、連合町が学区として近代都市の基本的な社会集団となる［飯田 二〇一九］。区と住民の間に、学区という単位が挟まる点が東京と大阪の相違点である。それだけ、東京のほうが、人々の結合が弱い、流動性の高い社会であるとも言える。

京都の場合も、町の連合体が小学校の学区となる点で、大阪に類似している。京都では近世から町の連合＝町組が存在していたが、それぞれの町の格式の違いなどから、均質ではなく複雑に入り組んだ組み合わせになっていた。一八六八（明治元）年から六九年にかけて町組は整理され、同程度の規模・人口をもつ均質な町組へと再編される。この町組がやはり大区小区制下の区、かつ小学校の設置単位としての学区となった。郡区町村編制法の施行時には京都は上京区・下京区の二つの区に分かれ、その下で、学区単位に戸長が置かれた［小林 二〇〇六a、秋元 二〇〇六］。京都の場合は、個別町単位の結合も、東京に比して強く残ったとみられている［小林 二〇〇六b、藤井 二〇〇九］。

●市制の施行と区・学区

一八八九（明治二二）年四月一日に市制が施行されると、東京、大阪、京都はそれぞれ市となったが、この三つの市については、他の地域と異なる例外規定が設けられた。「**市制特例**」と呼ばれるものである。その主たる内容は、次の通りである。①市長・助役を置かず、市長の職務は府知事が、助役の職務は府書記官が行う。②市参事会には市長・助役のかわりに府知事・府書記官が入る（**参事会**とは合議制の執行機関で、本来は市長・助役と、市会が選出する参事会員からなる）。③市役所を設置せず、府庁が市の業務を行う。市制特例は、一八九八年に廃止され、それぞれ市長が選挙されることになった。

この間、区は、府・市の出先機関として存続したが、住民組織としてみた場合、東京と大阪・京都では相違がある。[2] 大阪・京都の場合は、すでに郡区町村編制法期に地域の単位としての重要性を増していた学区が、引き続き住民の結合の単位として機能したため、相対的に、区は住民組織としての位置を低下させた。行政機関としての区役所は、大阪では東・西・南・北の各区、京都では上京・下京の各区単位に置かれたが、区会は、大阪の場合、東西南北の四区単位と、学区単位で二重に設置され、前者が高等小学校、後者が尋常小学校の学区となった〔松下 一九八六〕。京都の場合、一八九二（明治二五）年に上京・下京の区会は廃止され、代わって、学区単位での区会が設置された〔秋元 二〇〇六〕。学区は単に学校のみにかかわる単位ではなく、多領域の行政の単位として機能した〔松下 一九八六〕。（図10-2、図10-3）。

一方、東京では、流動性が高く、区と住民をつなぐ中間組織を欠いていたがゆえに、地域住民が結合する単位は区しか存在しなかった。教育や衛生といった共通した課題に直面した住民は、次第に区を単位にまとまりをつくるようになってゆく。一八九〇（明治二三）年に、私立小学校の助成を主た

図 10-2　大阪市の学区（1893 年）

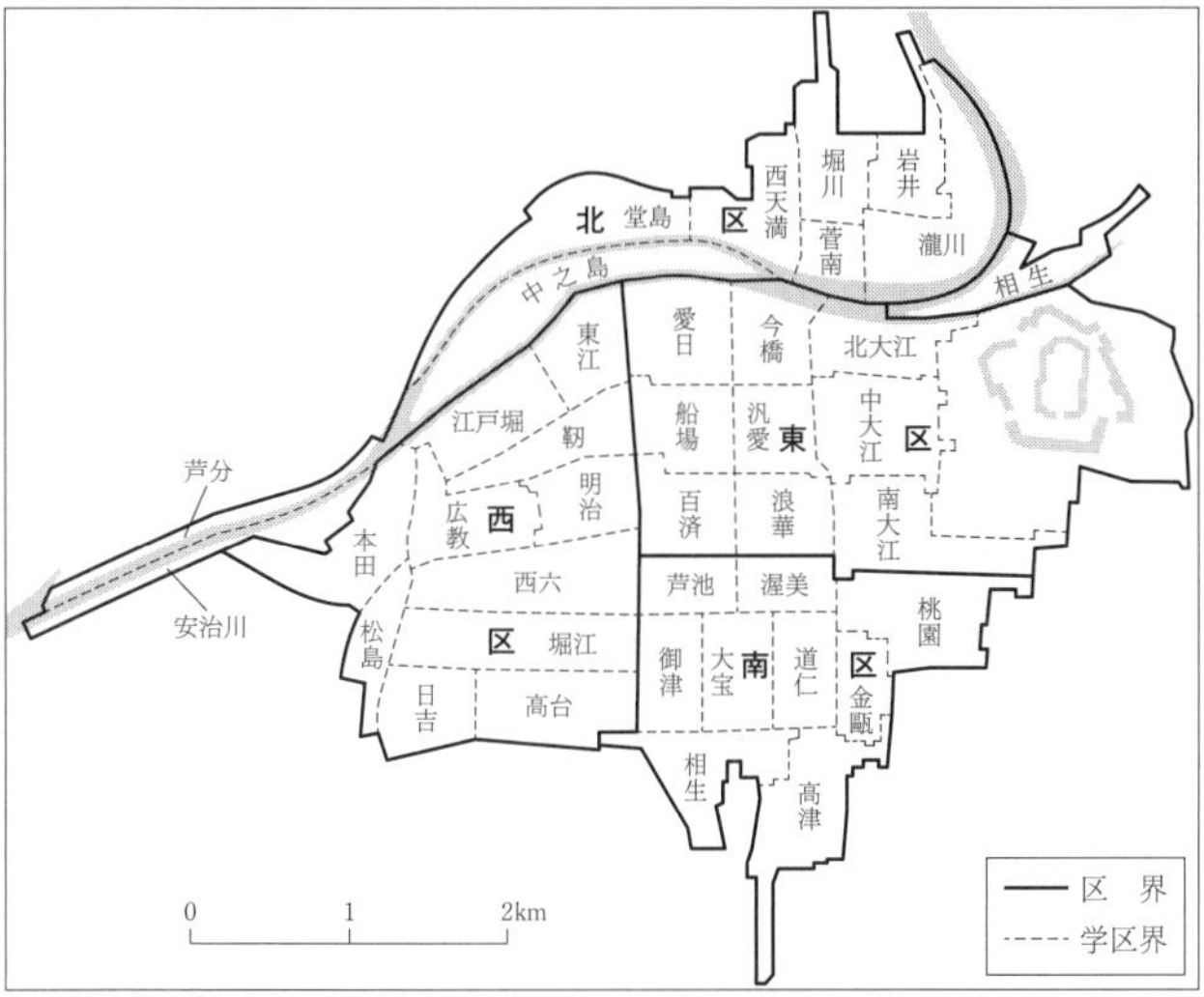

出典　新修大阪市史編纂委員会編『新修　大阪市史　第 5 巻』大阪市，1991 年，222 頁。

る目的とする「日本橋区教育会」と、区内有力者の親睦団体である「日本橋倶楽部」が結成されている。その輪の中心には、立憲改進党系新聞『郵便報知新聞』のジャーナリスト・政治家であった藤田茂吉（→第12章）がいた。流動性の高い都市・東京では、古くから居住していた者が地域的なまとまりをリードするとは限らなかったのである［池田 二〇一九］。

●有産者のつくる地域

ここまでは、三都市を通じて、近世的な町が解体され、連合町＝学区、あるいは区を単位とした人々のつながりが生まれてくる様をみてきたが、こうしたつながりは、いずれも地域の有産

図 10-3　京都市の学区（1902 年）

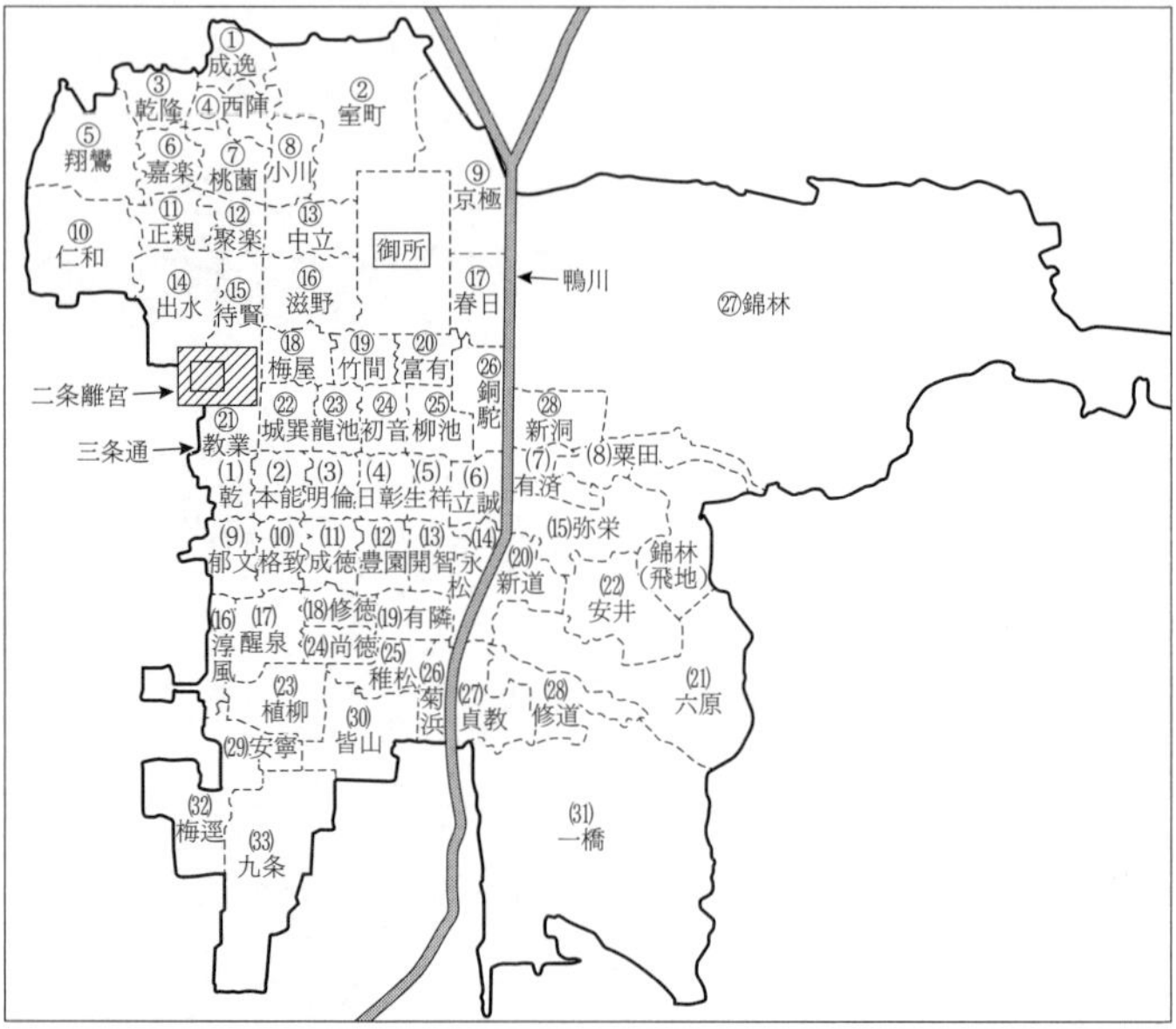

注　丸囲み数字①～㉘が上京区の学区番号，括弧付きの数字（1)～(33）が下京区の学区番号を示す。

出典　［松下 2006: 254］

者層のものであることに注意したい。近世以来、三都市には厖大な裏店住まいの住民が居住していたが、彼らがこうした学区・区単位の結合に直接参加することはない。

　また、三都市を通じて、当該期に、学校以外に重要な行政課題となったものとして公衆衛生分野の諸問題がある。明治期はコレラの度重なる流行に襲われた時期であり、人家の密集する都市では、消毒、清潔の維持といった公衆衛生上の課題に地域住民の組織が果たすべき役割は少なくなかった［小林 二〇〇一］。こうした問題に対応するために、旧町や学区などの単位で「衛生組合」が設置され〔原田 一九九七〕、京都ではそれが「公同組合」という独自の組織に発展してゆく〔小林 二〇〇六b〕。

二　市区改正と貧富分離

●身分制的都市空間の再編

近世都市では、武家地・町人地・寺社地が空間的に分離され、異なる系統によって支配されていた（→第1章）。身分制の解体はこうした空間のあり方を大きく変えることになり、その過程で、現在で言えば都市計画に相当する事業が遂行されることになる。

明治二（一八六九）年三月、天皇の東京再幸によって事実上首都となった東京には、幕末の参勤交代の廃止や、幕府の消滅にともなう旧幕臣の退去によって、武家地に事実上の空き家が多数存在した。新政府はそれらのうち、皇居に近い部分（おおよそ現在の東京都千代田区内を中心とする）を「郭内《かくない》」と定め、その区域内の武家屋敷に京都から転居してきた新政府要人および公家の邸宅、そして官庁を集中的に配置した。一方、大名たちの邸宅は、「郭外」部分に一カ所のみ認められることとなった〔松山 二〇一九〕。

一八七二（明治五）年、「郭内」に隣接する銀座地区で火災が起こると、政府はこの地区に、地主や住民の同意を得ないまま、洋風煉瓦《れんが》建築の街路を建設する。いわゆる「銀座煉瓦街」であり、文明開化の都市・東京を象徴するものとなる。当初、政府はこの煉瓦建築を東京市街部全域に拡大する計画を有していたものの、実際には財源の不足から銀座地区の煉瓦建築化のみに終わったが、首都・東京中心部を集中的に整備する政府の意向の表れだった［松山 二〇一四、二〇一九］。

一方、「郭外」とされた地域については、武家屋敷が存置される一方で、空き地となっている武家地の有効活用が図られた。民間によって武家地に新しい町を開発させて収入を得る新開町建設や、貧困な都市住民を郭外に送り、そこで労働させるための場として武家屋敷に桑や茶を植えさせる、いわゆる「桑茶令《くわちゃ》」（一八六九〈明治二〉年）がそれに当たる。桑や茶を植えさせるという政策自体は失敗に終わったが、新開町の建設と合わせ、これによって従来の武家地が市街地や農地に転用されてゆき、近世の武家地・町人地の区分が大きく変化した。一八七二年から始まる東京での地券発行は、このような武家地の他用途への転用後の状態で土地所有権を固定することになり、都市・東京の空間構造に後々まで影響を与えた［松山 二〇一九］。

こうした政策は、同時に、皇居に近い中心部に行政機能および富を集中させ、周縁部に貧困層を配置するという貧富の分離をともなうものだった。一八七二（明治五）年から七四年にかけて、東京外縁部（「場末《ばすえ》」）の町のいくつかが、中心地に移転させられているが、その際移転の対象となったのは富裕層のみで、貧困層は元の場所に残された。明治東京の「三大貧民窟」の一つに数えられる四谷鮫ヶ橋地区は、この政策によって貧困層のみが残された地域だった［松山 二〇一九］。

●東京市区改正

こうして、近世の、身分制に基づく空間の分割に換えて、貧富と用途によって都市の要素が再配置されてゆくようになる。一八八〇年代に入ると、こうした構想は「**市区改正**」の名のもと、都市計画的な政策へとつながってゆく。一八八〇（明治一三）年、松田道之東京府知事が、貧富の住み分けに基づく「中央市区」、すなわち中心市街地の確定を軸にした構想を提唱したことに始まり、八四年に芳川顕正府知事のもとで作成された市区改正案を経て、八八年には、政府の法令として東京市区改正条例が制定され、翌年、市区改正計画が立案された。市区改正計画の内容は、道路の拡幅と上下水道の整備が中心となり、それも一九〇三年には、予算の不足から計画の縮小を余儀なくされている［藤森 二〇〇四］。

計画が縮小されたとはいえ、市区改正事業が都市・東京の構造に与えた影響は小さくない。道路の拡幅は、道路を挟んで向かい合う両側の町並みから形成される町の意味を希薄化させた。さらに、近世の町では、その通りに面して店舗を構える「表店《おもてだな》」商人は、その土地の所有者ではない場合（「地《ち》借《がり》」）も、店舗の建築物だけでなく、営業の権利も含めた資産を有していると考えられていた。しかし、市区改正事業の道路拡幅の過程で、予算上の制約から、地借の「表店」商人には建物分の補償しかなされず、結果的に、地借よりも地主の権利が強く認められることになった。この過程で、立ち退きを迫られる従来の営業者も多く出た。市区改正によって面目を改めた東京中心部では、土地を資産としてもつ者が優位に立つ秩序が形成されたのである［松山 二〇一四］。

●長町地区の移転問題

大阪では、第一次世界大戦以前の時期にはこうした大規模な市区改正は行われていないが、一八八六（明治一九）年に、貧民窟として知られた長町地区の貧困層を郊外に移転させる計画が浮上する［原田 一九九七］。これも、貧富の分離という点では東京の動向と同様である。

近世の長町の旅籠《はたご》宿・木賃宿は、無宿人を宿泊させることができる特権、および酒造・米搗《こめつき》・油絞の三業種に労働者を紹介することができる特権を有していた。都市に流入する貧困者を集めて特定業種に斡旋《あっせん》する機能を、社会集団として担っていたのである。ところが、明治期に入ると、身分的社会集団の解体に伴い、長町の地主層はこうした特権を喪失する。彼らは引き続き、貧困層の集住地となった長町で、住居の家主あるいは質屋などとして、貧困層相手の商売を続けてゆくことになるが、これはもはや公的裏づけをもつ特権ではないため、安定した営業は保証されない。かつ、すでにみた通り、大阪では連合町＝学区単位で小学校の負担を担っていたので、貧困層を多く抱える地域では、地主の負担が相対的に重くなる。したがって、長町地区の地主らは、従来の不安定性と負担の重さと、従来の商売の相手である貧困層の立ち退きという二つを天秤にかけて、貧困層移転計画への賛否を決することになる。長町地主層は、いったんは、貧困層相手の商売に代替する収入の道、具体的には興行場・遊廓の建設を長町地区に認めるという大阪府の提案を受け入れ、貧困層の郊外移転に賛成する。しかし、この興行場計画が、隣接してすでに劇場などの興行地となっていた千日前地区の反対で挫折すると、収入の代替を失うので反対に回ることになり、結果的に、長町の貧困層移転計画は実施されずに終わった。その後、長町地区では地主層主導による開発が進められ、貧困層はそれによって都市外縁部に押し出されてゆくことになる［佐賀 二〇〇七］。以上のように、大阪・長町地区では、身分的な集団の解体を受けて、有産者が主導する貧富分離が進行したのである。

●「古都」の振興

一方、京都では、天皇の東京再幸後、首都としての地位を失ったことによる都市の衰微が課題となっていた。東京で武家屋敷が、京都から移転してきた官庁・公家・官僚の邸宅に転用されるのと並行して、御所や、近世には天皇の御所を取り囲むように存在していた公家の居住地域は荒廃した。明治天皇や、公家出身の有力政治家岩倉具視の意向もあり、一八七七（明治一〇）年から八〇年にかけて、御所周辺の元公家屋敷の買い上げ、道路整備、植樹、土塁の建設などが行われ、京都御苑の空間が整備された［伊藤 二〇一〇、吉岡 二〇一一］。今日目にする京都御所周辺の風景は、このときに創出されたものを基礎としている。その点で、この風景は近代的なものであるが、荒廃の中にあった御所空間がこのように「保存」されることで、京都は、平安京以来の「伝統」をもつ「古都」としてのイメージを獲得した［高木 一九九七］。

さらに、一八八一（明治一四）年に府知事に就任した北垣国道は、琵琶湖の水を京都にひく**琵琶湖疏水**の建設を推進し、京都の産業振興を図った（一八九〇年完成）。平安遷都一一〇〇年を記念して、一八九五年には紀念祭と、第四回内国勧業博覧会が開催され、これに合わせて、平安京の大極殿を模した平安神宮が建設された。これらの事業は、従来市街地ではなかった鴨川の東側（鴨東地区）で行われ、これを契機とする鴨東地区への京都市街地拡大をもたらした［伊藤 二〇一〇］。京都のより本格的な都市改造は、一九〇七年から一三（大正二）年まで継続した、いわゆる三大事業（第二琵琶湖疏水建設、上水道建設、道路拡幅）によって達成される［伊藤 二〇〇六］。

●予選団体

以上のように、東京・京都・大阪では、いずれも近世身分制社会の解体にともない、その空間のあり方が変化すると同時に、そこで暮らす人々の結び付きのあり方も変化した。都市は流動的な場であるがゆえに、その結び付きは、比較的安定して地域に定着している有産者どうしのものとなる傾向が強い。大阪・京都では学区、東京では区がそうした結合の単位となる。こうした学区や区の中では、衆議院議員選挙や府会・市会議員の選挙に際して、選挙前に候補者を絞り込む予選がしばしば行われ、有産者による「予選団体」が設立された［松下 一九八六、原田 一九九七、櫻井 二〇〇三］。

注

（1） 東京都編・発行『東京市史稿 市街篇 第六三』一九七二年、一〇七頁。

（2） 厳密に言えば、市の出先機関としての「区」と、学校敷地など財産を所有・管理する単位としての「区」（したがって区会の設置単位となる区）は市制の条文上根拠が異なり、前者を「行政区」、後者を「財産区」と呼ぶ。一九一一（明治四四）年の市制改正で、東京の区は法人格を有するようになる。

■もう少し勉強したい人のために

原田敬一『近代日本都市史研究』思文閣出版、一九九七年。

日本近代都市史の分野では、大阪を対象とする研究が先行して大きな見取り図を提示してきた。当該書はそうした大阪研究を代表する研究書の一つで、有産者の「予選体制」による都市支配という構図を描き出している。

松山恵『都市空間の明治維新――江戸から東京への大転換』ちくま新書、二〇一九年。

近世に幕府の所在地であった江戸・東京は、他の大都市に比して明治期の変化が激しく、またその様相も複雑である。当該書は、都市計画の視点と、都市住民の動向という視点の双方を組み込み、変化の論理を明らかにしている。

□その他参照文献

秋元せき「明治期京都の自治と連合区会・区会」伊藤之雄編著『近代京都の改造――都市経営の起源　一八五〇～一九一八年』ミネルヴァ書房、二〇〇六年。
飯田直樹「町の近代化」塚田孝編『シリーズ三都　大阪巻』東京大学出版会、二〇一九年。
池田真歩「近代初頭の代議と住民」吉田伸之編『シリーズ三都　江戸巻』東京大学出版会、二〇一九年。
石塚裕道・成田龍一『東京都の百年』山川出版社、一九八六年。

伊藤之雄「都市経営と京都市の改造事業の形成　一八九五〜一九〇七」伊藤之雄編著『近代京都の改造』ミネルヴァ書房、二〇〇六年。

伊藤之雄『京都の近代と天皇――御所をめぐる伝統と革新の都市空間　一八六八〜一九五二』千倉書房、二〇一〇年。

岩淵令治「近世中・後期の『家守の町中』の実像」五味文彦・吉田伸之編『都市と商人・芸能民――中世から近世へ』山川出版社、一九九三年。

大石嘉一郎・金澤史男編『近代日本都市史研究――地方都市からの再構成』日本経済評論社、二〇〇三年。

大岡聡「東京の都市空間と民衆生活――一九世紀末〜二〇世紀初頭の「町」住民組織」中野隆生編『都市空間と民衆――日本とフランス』山川出版社、二〇〇六年。

小林丈広『近代日本と公衆衛生――都市社会史の試み』雄山閣出版、二〇〇一年。

小林丈広「幕末維新期京都の都市行政」伊藤之雄編『近代京都の改造』ミネルヴァ書房、二〇〇六年a。

小林丈広「京都の町組織の再編と公共的業務――清和院町を中心に」伊藤之雄編『近代京都の改造』ミネルヴァ書房、二〇〇六年b。

佐賀朝『近代大阪の都市社会構造』日本経済評論社、二〇〇七年。

櫻井良樹『帝都東京の近代政治史――市政運営と地域政治』日本経済評論社、二〇〇三年。

高木博志『近代天皇制の文化史的研究――天皇就任儀礼・年中行事・文化財』校倉書房、一九九七年。

土方苑子『東京の近代小学校――「国民」教育制度の成立過程』東京大学出版会、二〇〇二年。

藤井正太「近代京都の町共同体に関する基礎的考察――西陣・妙蓮寺前町を素材に」『部落問題研究』一九一号、二〇〇九年。

藤森照信『明治の東京計画』岩波現代文庫、二〇〇四年。

松下孝昭「大阪市学区廃止問題の展開――近代都市史研究の一視角として」『日本史研究』二九一号、一九八六年。

松下孝昭「京都市の都市構造の変動と地域社会」伊藤之雄編『近代京都の改造』ミネルヴァ書房、二〇〇六年。

松山恵『江戸・東京の都市史――近世移行期の都市・建築・社会』東京大学出版会、二〇一四年。

森田貴子『近代土地制度と不動産経営』塙書房、二〇〇六年。

吉岡拓『十九世紀民衆の歴史意識・由緒と天皇』校倉書房、二〇一一年。

第11章 教育と立身出世

▼「家」の世界からの離脱

一 学校体系と就学率

●複線的な学校体系

「家」とその集団によって構成される社会で、個人（男性）が社会的に上昇する可能性の一つは、独立し「家」を形成することである、と述べた（↓第8章）。もう一つの道として、教育を受けて、社会的地位を上昇させる道があった。こうした成功を遂げることを、当時「**立身出世**」と呼んだが、それはきわめて狭き門であった。本章では、こうした、立身出世をめぐるトピックを取り扱う。

図11-1は、一九〇〇（明治三三）年の学校系統図である。義務教育は尋常小学校までの四年間であり、この後、一九〇七年に義務教育は二年延長される。小学校卒業後、中学校→高等学校→帝国大学

図 11-1　学校系統図（1900 年）

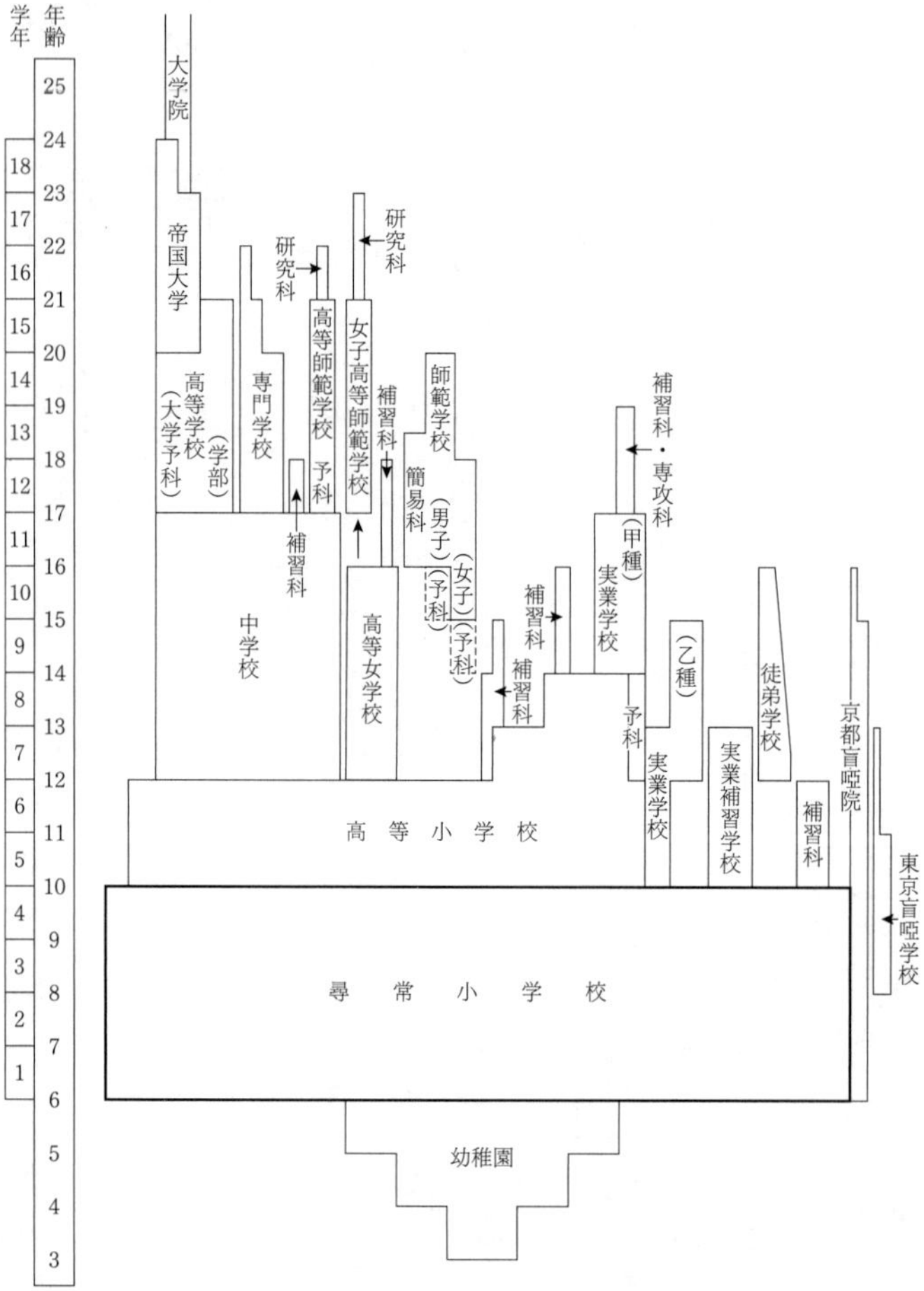

出典　[文部省 1972: 340]。

へと続く進学コースは、男性のみが入学を許されていた。女性が進学する場合は中学校ではなく高等女学校に進み、それ以上の公立教育機関としては、教員を養成する師範学校、ないし女子高等師範学校しかなかった。また、正式の大学は官立の**帝国大学**（東京帝国大学のほか、一八九七年に京都帝国大学が、一九〇七年に東北帝国大学が設立される）に限られた。私立では、例えば慶應義塾は一八九〇年に「大学部」を設置し、東京専門学校は一九〇二年に「早稲田大学」と改称するが、これらは法律上は学校系統図中では**専門学校**に含まれる。女性が高等教育を受ける場合、今日の私立女子大学に相当する、私立の女子専門学校（例えば、今日の日本女子大学の前身である日本女子大学校は一九〇一年に設立された）も存在した。私立大学が、帝国大学と同様の「大学」と認められるのは、一九一八（大正七）年の「大学令」の制定によってである。

●就学率の実態とジェンダー差

さて、義務教育である小学校就学率は、一般的には、一九〇二（明治三五）年に九〇%を、〇九年に九八%を超えたと言われている。たしかに、学校に通う子どもが増えたことは間違いないが、この数値はただちに、それだけの子どもが小学校に通い、学び、卒業したことを意味するわけではない。この「就学率」は、文部省が毎年発行する『文部省年報』の数値に基づくものであり、同『年報』に記載されている生徒数を学齢児童数で割ったものである。この『年報』に記載されている数値には、以下の二点のような問題がある。

図 11-2 『文部省年報』就学率急増期の学齢児童数

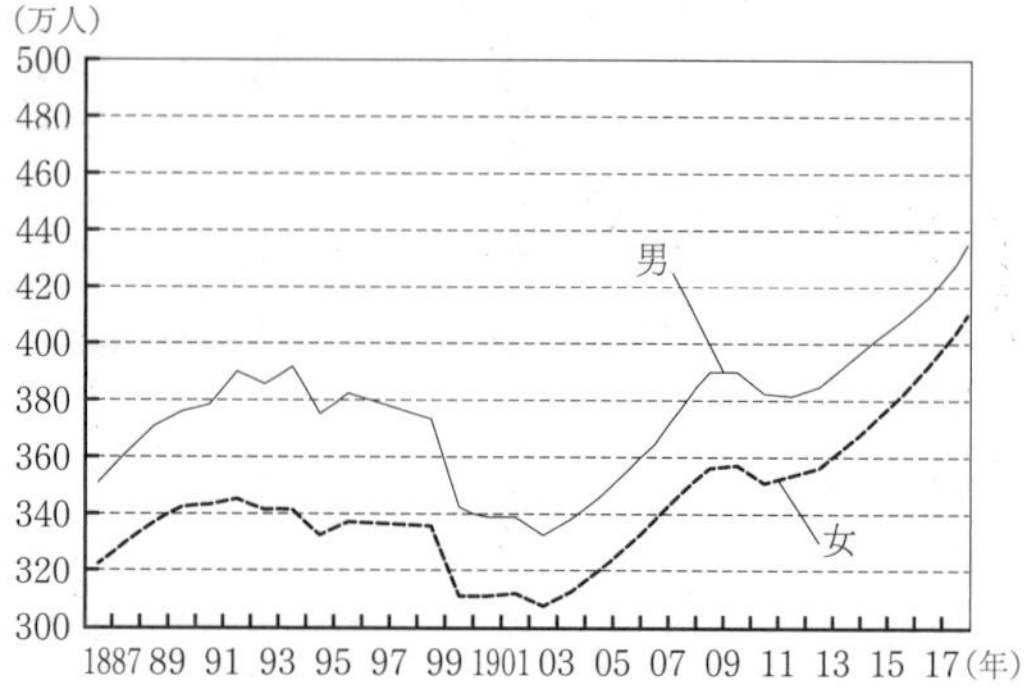

出典 ［土方 2002: 24］。

一つ目の問題は、分母となる学齢児童数が少なすぎるために、就学率が高めに算出されてしまう可能性があることである。

図11-2は、一八八七（明治二〇）年以降、『文部省年報』に記載されている学齢児童数を示したものである。就学率が急上昇する一八九五年から一九〇一年にかけて学齢児童数が急減していることが読み取れる。実際に、この時期に子どもがこのように減少することは考えられない。この数値の変化の背景には、この時期に、各市町村役場で「学齢簿」という帳簿の整理が実施されたことがある。それまでは転出者の未届、学齢超過者の算入、他町村の学校に通っている者が算入されるなどして、学齢児童数は実際よりも多くなりがちであった。この時期の「学齢簿」整理によって、それが除去されたのである。さらに、一九〇〇年の「小学校令施行規則」では、一年以上の居所不明児童は学齢簿から除かれた。つまり、実際に子どもが減ったわけではなく、帳簿整理の結果、市町村役場の帳簿に載っている学齢児童数が減ったのであり、一八九五年から一九〇一年までの就学率の急上昇には、この帳簿整理によって、分母となる学齢

図 11-3　未卒業児童の割合

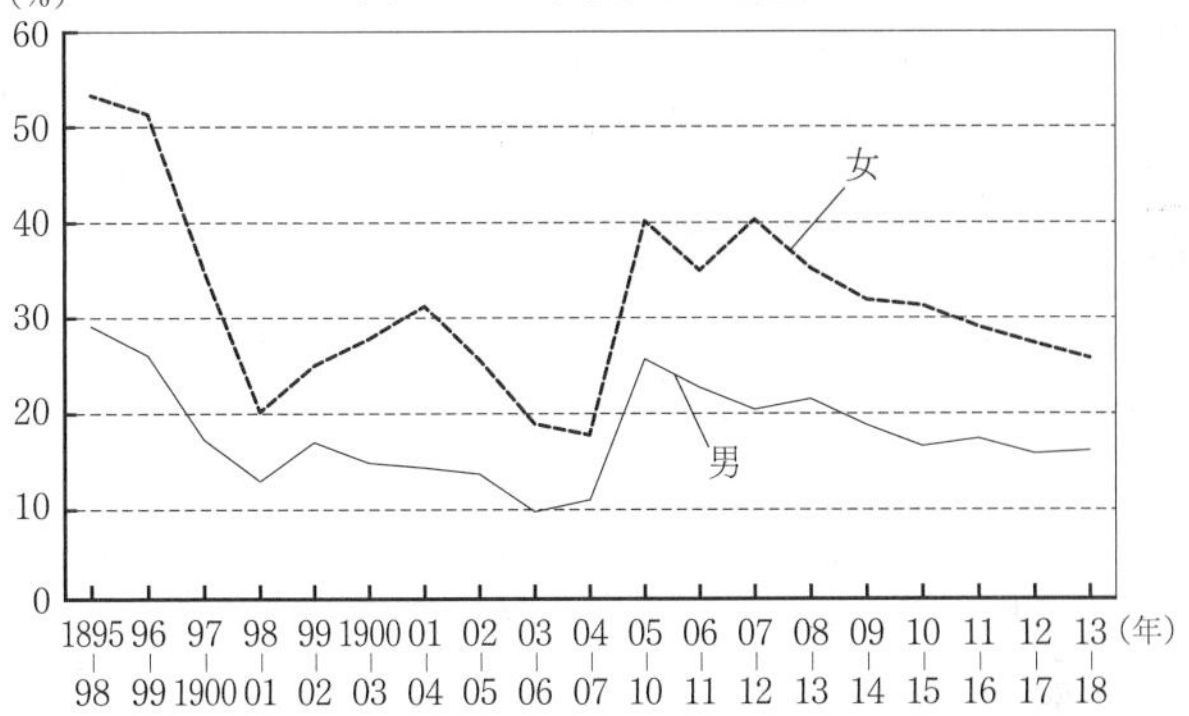

出典　［天野 1997，土方 2002: 26］。

児童数が減ったことによる見かけの上昇が含まれているのである。そして、帳簿整理で学齢児童数が減少しているということは、裏を返せば、「居所不明」で学齢簿に載っていない学齢児童、すなわち市町村役場で実際には把握できていない子どもが多数いたことをうかがわせる［土方 二〇〇二］。

第二の問題は、就学と卒業の差である。図11-3は、ある年度に小学校に入学した子どものうち、どれだけの割合の子どもが順調にいけば卒業することになる年度に卒業しているかを示している。例えば、左端をみれば、一八九五（明治二八）年度に入学した児童は、当時の小学校の修学年限は四年なので、九八（明治三一）年度に卒業するはずであるが、その年に実際に小学校を卒業していない児童が、女子では五割以上、男子でも三割近くいることを示している。つまり、それらの児童は小学校を中途退学しているのである。(1) 実際には、相当程度の子どもが、一度小学校に入っても、卒業まで小学校に在学していなかった。図からは、一九〇七（明治四〇）年の義務教育年限延長によって中途退学者がむしろ増加することが読み取れる。つまり義務教育課程を二年延ばしても、その二年分在学するとは限らず、そのまま中途退学してしまう子どもがいたのである〔天野 一九九七、土方 二〇〇二〕。

そして、図11-2も図11-3も、男女の間に差があることに注意したい。特に学齢児童数において女性が男性を下回っていることは、女性のほうがそもそも「学齢児童」として把握されている割合が低いことを意味する。例えば、他の市町村へ働きに出てしまい、「居所不明」となっている可能性も考えられる。小学校未卒率も女性のほうがはるかに高い。

長野県五加村（現在の千曲市の一部）の村役場には、一九一〇（明治四三）年に村役場が行った長期欠席児童の調査が残されている。この年の長期欠席児童は男性が八人、女性が四一人だった。欠席の理由としては、子守りとして働いていること（九人）、製糸工場で働いていること（七人）などが挙げられている〔土方 一九九四：一五四〕。

「家」経営体の存続のために、家事ないし家計補助のための子どもの労働力への期待は高かった。女性の子どもについて、それほど簡単に高就学率が達成されるわけではなかったのである。

●農家の教育費支出

一方、ある個人が、「家」経営体の相互競争の世界から抜け出そうとすれば、学歴を手に入れ、学歴のある者だけが就くことのできる職（官吏や企業の管理職など）に就くしかない。江戸時代の身分制社会と異なり、すべての男性に、そうした可能性は、形式的には開かれていた。

こうした可能性への期待ゆえ、農家の教育費支出は増加傾向にあった。農商務省技師、斎藤万吉は、明治期に農家家計についてのサンプル調査を行っている。それによれば、自作農の場合の年間平均教育費支出は、**表11-1**のように変化している。

農家の総支出額はこの間、三倍強であるのに対し、教育費の伸びは八倍である。しかし、調査を行った斎藤万吉自身はこの傾向に批判的であった。斎藤によれば、一定の教育を受けた者が就く職業は「官吏・軍人・会社員」、すなわち「月給取り」に限られ、それ以外に独立して自活している者はきわめて稀《まれ》である、というのが、その理由である。教育は「月給取り」の養成ばかりしていて、生産労働に従事する人を減らす役割しか果たしていないと斎藤は主張する。斎藤は、大部分の人間は小学校までの学歴にとどめ、かつ在学中から家業を手伝うなどして、農家経営の基本を学ぶべきであり、特に女性についてはそれを徹底すべきだ、と述べている(2)。

農商務省の技師として、健全な農家経営の維持を最優先に考える斎藤にしてみれば、「月給取り」（都市における官吏、サラリ

表 11-1　自作農教育費支出の変化

［単位：円］

年次	教育費	総家計支出額
1890（明治 23）年	3	261
1899（明治 32）年	9	417
1908（明治 41）年	19	624
1911（明治 44）年	19	738
1912（大正元）年	24	829

出典　斎藤万吉『日本農業の経済的変遷』（明治大正農政経済名著集 9）農山漁村文化協会，1976 年，492〜493 頁。

図 11-4　中学校（官公立）卒業者の数と主要な進路

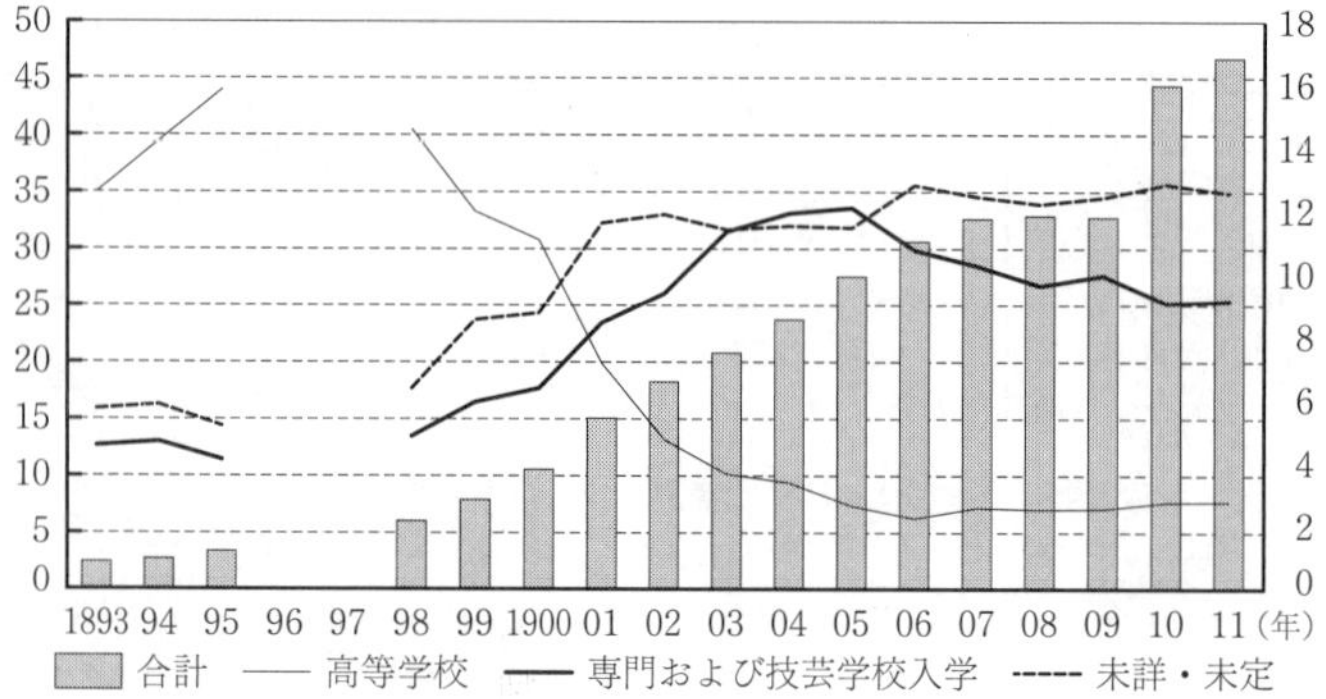

注　1896・97 年は不明。

出典　［竹内 2015: 68］より作成。

ーマン）以外に小学校以上の教育は不要であるということになる。そうした都市への誘惑にかられることなく、青年男女は農家の経営に注力すべしというのが斎藤の主張であった。しかし、教育を受け、立身出世したいと願う人々は、まさに「月給取り」への道を模索するがゆえに、教育の機会を渇望していたのであった。

二　「立身出世」と苦学の時代

●激化する受験競争

図11-4は、中学校卒業者の数と進路である。一八九七（明治三〇）年以降の中学校卒業者のめざましい増加が読み取れる。中学校卒業者全体に占める進路の割合をみると、高等学校進学者の割合が一九〇〇年以降急激に低下している。同年ごろまでは中学校卒業者の三〇～四〇%が高等学校に進学してい

るが、その率は急落し、一九〇四年には一〇%を割ってしまう。中学校から高等学校、帝国大学への競争がそれだけ激化していたことがうかがわれる。それだけ、上位の学校へ進学しようとする熱が人々の間に広まった。**成功熱**の高まりである［竹内 二〇一五］。

中学校より下のレベルをみると、明治末の段階で、尋常小学校卒業者の五人に一、二人が高等小学校に進学していた。しかし、高等小学校卒業者の八〜九割は、中学校など上級学校に進学していない。それは経済的理由や、長男が「家」を継がなければいけないがゆえに故郷を離れることができないといった理由による。

●独学と苦学

「成功熱」の高まりの中で、そうした理由によって進学できない、特に男性青年の間では、明治中後期に、働いて学資を得る**苦学**や、「中学校講義録」などの通信教育による**独学**がブームとなった。高等小学校を卒業したものの上級学校への進学の道を絶たれた青年の上昇欲求の表れである。

明治三〇年代には、なんのつてもないまま上京してきて、働きながら勉学を続けようとする**苦学生**が登場した（高等教育機関に合格してから都市に出てくるわけではなく、まず都市に出てきて、職をみつけて働きながら勉強し、受験をめざす人々も「苦学生」と呼ばれた）。また、そうした「苦学生」志望者向けの、「苦学」ハウツー本も現れた。そうした書物の一つ、吉川庄一郎著『自立自活　東京苦学案内』（保成堂、一九〇一年）には、次のような一節がある（五〜七頁）。

> 村の小学校を卒業して試験休課を終る頃諸君は一夜残念で寝られなかつた晩が有るだらう、尋常科の時も高等科の時も自分より下の番で碌《ろく》に出来も仕なかつた奴が親仁《おやじ》が聊《いささ》か財産の有る為め東京の学校へ留学するとの噂をきゐた時は実に残念で羨しくて癪に障つて眠やうとしても迚《とて》も寝られたものでは無い、と云つて自分は親に学資を請求する事は出来ない、是れで愚図々々して居る内八九年も立つた後彼は立派な何々学士の称号を取つて帰へて来る。自分は相替らず小作の百姓、吁《ああ》実に無念だと思わず拳を握つて溜息を吐く、此溜息が学問成功の溜息だ。……諸君が憤起一番した時は親をも頼まぬ、親類も頼まぬ、頼む所は鉄の如き決心と火の如き熱心だ。……健康な身体と独立の精神さへあれば諸君の学資位は心配無しにできる。

進学をあきらめざるをえなかった青年に、健康とやる気さえあれば苦学はできる、と、「立身出世」熱をあおっているわけである。

しかし、実際には働きながら通学することは楽ではないうえ、多くの業種が「家」を単位に構成されていたり、徒弟制度を通じて労働者を確保していた時代には、こうした新規参入者を受け入れる業界自体が少なかった。新聞配達や牛乳配達、人力車夫などの一部の肉体労働や、露店など自営業が、働きながら勉強をする苦学生の職業となった。

苦学生を相手にする悪質な仲介業者も存在した。土木建築業や運搬業の下請業者の中には、苦学生を周旋し、働かせる業者がいたのである。一九〇五（明治三八）年、天野虎次郎という人物が設立した「青年立志社」という会社は、金はないが勉強はしたいという青年に自活の方法を授けるという新聞広告を出して、「苦学生」を集め、彼らを砲兵工廠のトロッコ押しという単純労働に斡旋《あっせん》したうえで、彼らの賃金の一部を自分のものにして搾取《さくしゅ》していた、と新聞では報道されている。結果的に、無理して苦学しようとした者の大部分は、こうした周旋会社の手などを経て、都市下層へと堕ち込んでいった［町田 二〇一六］。日本近代社会において、「家」から離れ、単身で「立身出世」を成し遂げることはきわめて困難だったのである。

注

（1） 厳密に言えば留年した子どもも含まれる。初期の小学校では、進級に際して厳しい試験制度がとられ、試験に落第し進級できない子どもはめずらしくなかった（斉藤 二〇一一）。ただし、この時期になると、そのような厳しい試験制度は緩和されている。

（2） 斎藤万吉『実地経済農業指針』（明治大正農政経済名著集9）農山漁村文化協会、一九七六年、三三〇～三三一頁。

■もう少し勉強したい人のために

竹内洋『立志・苦学・出世――受験生の社会史』講談社学術文庫、二〇一五年。

立身出世や受験競争の歴史についての基本文献。上級学校への受験競争が、いつ、どのように始まり、それが人々の心性をどのように規定したかを論じている。

斉藤利彦『試験と競争の学校史』講談社学術文庫、二〇一一年。

明治前期の小学校を中心に、近代日本の学校における試験のあり方を明らかにした書。初期の小学校の試験が多くの落第者を生み出していたことなど、今日の小学校とは大きく異なる世界を垣間見ることができる。

□その他参照文献

天野郁夫『教育と近代化――日本の経験』玉川大学出版部、一九九七年。

土方苑子『近代日本の学校と地域社会――村の子どもはどう生きたか』東京大学出版会、一九九四年。

土方苑子『東京の近代小学校――「国民」教育制度の成立過程』東京大学出版会、二〇〇二年。

町田祐一『近代日本の都市下層――東京の職業紹介所をめぐる人々』法政大学出版局、二〇一六年。

文部省編『学制百年史　資料編』帝国地方行政学会、一九七二年。

第12章

メディアの変化

▼流通する情報

一　政論新聞から商業新聞へ

●新聞の誕生

日本近代社会では、情報もまた、市場を媒介にして、諸社会集団を結び付けていた。情報は、新聞・雑誌といった商品のかたちをとって人々の手元に届けられ、自分たちが暮らす身近な環境を離れた所で起こったことを伝えたのである。

日本近代社会が、それ以前の社会と異なる点の一つに、情報の重要性が高まり、日本列島を流通する情報の量が増えたことが挙げられる。この時代の主たるメディアは活字メディアであり、金属活版印刷術の輸入・普及がそれを支えた。木版（整版）印刷や、手による書き写しよりも、多種・多量の情報の流通が可能になったのである［鈴木 二〇一三］。

そうした近代活字メディアの代表が新聞である［小野 一九二二、稲田 二〇〇〇］。日本の新聞の前史として、幕末に幕府が海外情報を翻訳して刊行した「官板新聞」（『官板バタビヤ新聞』など）、居留地で、居留外国人が発行した外国語新聞などを挙げることができるが、本格的な日刊新聞は、一八七〇（明治三）年に創刊された『横浜毎日新聞』(1)が最初である。初期の同紙は、鉛活字を用いた洋紙一枚刷の印刷物であった。記事の内容をみると、貿易地横浜で暮らす人々のニーズに応じて、物価など経済情報に重点があった。

『横浜毎日新聞』の刊行は、神奈川県令井関盛良《いせきもりとめ》が推進したものだった。県庁という政治権力の支援によって、日本最初の新聞が生まれたことは注目に値する。神奈川県に限らず、このころの政府・地方当局は、新聞の刊行・普及に積極的であった。一八七一（明治四）年七月に東京府で出された「新聞条例」(2)では、新聞は人間の啓蒙を目的とし、国内外の情報を集約して伝えることによって、文明開化を進め、国家に裨益《ひえき》するものであることが謳われている。政府は、政策方針として掲げる「文明開化」（→第4章）のために、人々に情報を共有させ、協力を引き出す必要があったのである。

一八七二（明治五）年に入ると、『東京日日新聞』『郵便報知新聞』『公文通誌』（一八七四年に『朝野新聞』と改題）などの有力紙が次々と創刊される。イギリス人ジョン・ブラックによって『日新真事誌』が創刊されたのも、この年である。同紙は、のちに「民撰議院設立建白書」が提出された際、それを掲載して、世に知らしめることになる(3)。

●自由民権運動と「大新聞」「小新聞」

そして、自由民権運動期には、これら有力紙は政党別に系列化されるようになった〔稲田 二〇〇〇〕。

『東京日日新聞』には、一八七四（明治七）年に、元幕臣で政府の官吏であった福地源一郎（福地桜《おう》痴《ち》）が入社し、同紙は「太政官記事印行御用」の名目を掲げることを政府によって許可され、政府の「御用」新聞となった。ただし、この「御用」というのは、文字通り、政府からの公式情報を伝達する（『官報』はまだ発行されていなかった）という意味であって、常に政府支持の姿勢をとるという意味ではないが、『東京日日』は、民権運動からは距離をとる姿勢を示していた。

一八七五（明治八年）から、藤田茂吉らが『郵便報知』に入社すると、同紙も民権運動寄りの姿勢を示すようになった。明治一四年の政変で大隈重信が下野し、立憲改進党を結成すると、『郵便報知』は改進党系有力紙となる。

『朝野新聞』には、一八七五（明治八）年に民権派ジャーナリストの末広鉄腸《すえひろてっちょう》が入社し、八一年の自由党の結党以降は自由党系と目されるようになる（ただし、同社の社主で、元幕臣、かつ文学者としても知られた成島柳北《なるしまりゅうほく》は改進党員である）。

『横浜毎日新聞』は、一八七九（明治一二）年に、元司法省の官僚で、民権結社「嚶鳴社」（↓第4章）のリーダーであった沼間守一が経営者となって東京に移転し、『東京横浜毎日新聞』と改称した。

のち、沼間は改進党の有力者となり、同紙も改進党系新聞となった。

このほか、自由党は、独自の機関紙として『自由新聞』を発行していた。

こうした状況の中、当初は新聞奨励一辺倒だった政府も、民権運動対策の一環として、一八七五（明治八）年の新聞紙条例・讒謗律《ざんぼうりつ》制定にみられるように、規制・弾圧・コントロールに乗り出すようになった。

政府に近い『東京日日』も含め、これら民権派系新聞は当時、**大新聞《おおしんぶん》**と呼ばれ、それ以外に**小新聞《こしんぶん》**と呼ばれる新聞があった［山本 一九八一］。

「大新聞」は、漢字が多く、漢文的な文体で、政治についての論説記事を載せる新聞であった。また、投書欄にもそうしたものが多く、ある新聞の論説を別の新聞の論説が批判したり、それに対する反論が行われたり、投書欄でも論争が展開されるなど、一定の知識をもった人々の議論の場という性格が強かった。政治的話題についての議論を中心とするという点で、これらは**政論新聞**とも呼ばれる。

これに対して、「小新聞」は、ふりがな付きで、日常的な事件や、花柳界についてのゴシップ記事、小説などを多く掲載していた。紙面の大きさも「小新聞」のほうが小さく、価格も安かった。こうした小新聞の代表的なものには、東京では『読売新聞』（一八七四〈明治七〉年創刊）、『仮名読新聞』（一八七五年創刊）、大阪では『朝日新聞』（一八七九年創刊）が挙げられる。

小新聞は、一八七七（明治一〇）年の西南戦争を画期として、次第に事実報道や経済情報に力を入れ始める。これは、商売に直結する正確な情報の入手を必要としていた商人読者の需要にこたえるものであった〔山本 一九八一〕。

一八八〇年代後半に自由民権運動が衰退すると、「大新聞」は凋落するか、論説中心から報道中心へと紙面を転換していった。こうして、次第に「大新聞」「小新聞」の区別が消滅する一方で、各紙が独自の特徴を打ち出すようになっていった〔小野 一九二二、山本 一九八一〕。

早い時期に、新聞の政党機関紙化に反発したのは福沢諭吉で、一八八二(明治一五)年に『時事新報』を創刊した。経済記事に定評があり、実業家や会社員、銀行員の読者に占める比率が高かった。『読売新聞』は、尾崎紅葉《おざきこうよう》など人気文学作品を連載し、文学好きの学生をターゲットとするようになった。『郵便報知新聞』も、一八九四年に『報知新聞』と改題し、「大新聞」路線を放棄して、報道に軸足を置き、小説を掲載するようになった。

●新聞の商業化

こうした状況の中で、大阪に拠点をもつ新聞が明治後期に部数を増加させてゆく。『朝日新聞』は、一八八二(明治一五)年七月一日、「吾朝日新聞の目的」という文章を掲げている。その内容は、新聞はただ政論や政治戦略を議論するための道具ではなく、広く社会で起こるニュースを記載し、人々の知識を拡充することが本分であり、人々は、新聞とみると、すぐにこの新聞は政府寄りとか、あの新聞は反政府的とか評論をし始めるが、そのように新聞が政府・反政府に色分けされているのが当然というのは誤りだ、と主張するものであった。

こうして『朝日』は「中立」を標榜する新聞として、幅広い読者の獲得に成功した。もっとも、「中立」を標榜しつつ、一八八二年当時の『朝日』は、裏面で政府から資金援助を受けていた［有山一九九五］。民権運動の盛んな時期に「中立」を謳うことは、それだけで政府にとってメリットがあったのである。

一八八八（明治二一）年、『朝日新聞』は『めざまし新聞』を買収して、東京に進出し、『大阪朝日新聞』『東京朝日新聞』の東西二紙体制となった。

『大阪朝日』に続いたのが、一八八八（明治二一）年、『大阪日報』を改称した『大阪毎日新聞』である。『大阪日報』は「大新聞」であったが、翌八九年、論説中心から実業記事中心に方針転換した［小野 一九二二］。『大阪毎日』もまた、特定の政党色をもたない一方で、裏では松方正義ら薩摩系の政治家と密接な結び付きがあった［佐々木 二〇一三］。『大阪朝日』と『大阪毎日』は、激しい販売競争を繰り広げた。

政論を中心とした新聞としては、陸羯南《くがかつなん》ひきいる『日本』が残ったが、同紙を除き、事実報道を中心とする新聞のあり方が、近代日本では定着してゆく。これに加えて、一八九二（明治二五）年創刊の『万朝報《よろずちょうほう》』（社主黒岩涙香《くろいわるいこう》）は、有名人が妾をかこっていることを暴き立てるなど、センセーショナルな筆致で、権力者・有産者の「腐敗」を暴き立てる報道で部数を伸ばした。同じく政財界の有力者を批判し、積極的に社会問題を取り上げた『二六新報』と並んで、大衆的な人気を博した（表12-1）。

これらの新聞は、日清・日露戦争報道を通じて、部数を伸ばした。日清戦争時には、陸軍だけで、日本人新聞記者一一四名、写真師四名、画家一一名が報道のために従軍した。日清戦争が開戦した当初は、政府は戦争報道を抑制したが、戦況が日本有利に傾くと、政府は情報を積極的に記者たちに流すようになった。言論統制と情報提供の双方によって戦争への支持を取り付けようとしたのである。『朝日新聞』は戦場に特派員を派遣して戦争報道に力を入れ、『大阪朝日新聞』の発行部数は一八九三（明治二六）年下半期の約七万五〇〇〇部から、九四年下半期には二〇万部まで伸びた［大谷 二〇一四］。

日露戦争の開戦にあたっては、各紙は開戦支持の立場をとった。また戦時中には『二六新報』の社主で、衆議院議員でもあった秋山定輔がロシアのスパイ（「露探」）ではないかというデマが広がり、ライバル紙の『万朝報』などが秋山を攻撃するという事件も起こった。結局、秋山は衆議院議員の辞職に追い込まれた［片山 二〇〇九、佐々木 二〇一三］。

表 12-1　主要新聞発行部数
（1898 年，年間）

［単位：千部］

発行地	紙名	部数
東京	万朝報	31,482
	中央新聞	20,726
	東京朝日新聞	15,485
	時事新報	14,866
	都新聞	12,025
	中外商業新報	11,193
	国民新聞	10,331
	やまと新聞	8,987
	毎日新聞	7,213
	報知新聞	7,184
	東京日日新聞	5,759
	読売新聞	5,565
	日本	4,671
大阪	大阪朝日新聞	36,910
	大阪毎日新聞	30,596

出典　［山本 1981: 406–409］。

一方で、この時期の販売部数の伸長は、新聞の商業化・企業化をもたらした。新聞社は、ある政治的見解を提示するための組織から、大資本を投下し、大量生産・大量販売をめざす組織へと性格を変化させたのである。このことは「不偏不

表 12-2　長野県上田町周辺での新聞紙配布部数
（1895 年）

紙名	配布部数	紙名	配布部数
信濃実業新聞	98,004	毎日新聞	8,792
万朝報	64,832	読売新聞	5,187
東京朝日新聞	56,832	東京日日新聞	4,571
信濃毎日新聞	55,804	やまと新聞	4,377
中央	44,256	絵入自由	2,364
国民新聞	26,961	国会	2,226
日本	26,796	自由新聞	1,663
報知新聞	24,692	東京実業新聞	994
めざまし新聞	19,427	二六新報	757
横浜貿易新聞	16,672	絵入日報	343
中外商業新報	13,609	時論	164
時事新報	13,343	物価新報	78
開花	12,689	合計	515,626
都	10,193		

出典　［永嶺 2004］に基づき，長野県編『長野県史　近代史料編　第 10 巻（1）』長野県史刊行会，1990 年，178–179 頁より作成。

党」を掲げ、新聞や新聞記者の政治活動に自己規制をかけることにもつながっていった［有山 一九九五］。

ここまでは、東京・大阪という大都市を中心にみた新聞の動向であるが、明治期の日本では、地方新聞も一定の存在感をもっていた。**表12-2**は、一八九五（明治二八）年の長野県上田町周辺での新聞の配布部数調査である。ここからは、『信濃実業新聞』『信濃毎日新聞』などの地方新聞と、『万朝報』『東京朝日新聞』『中央新聞』など、東京の諸新聞が並行して読まれていたことがわかる。全国で読まれる中央紙と、その地方だけで読まれる地方紙という二重構造が当時の新聞界には存在していたのである［永嶺 二〇〇四］。

二　雑誌と読者のコミュニケーション

●大都市発雑誌の浸透

新聞と並ぶ活字メディアは雑誌である〔西田 一九六一〕。よく知られる明六社の『明六雑誌』をはじめとして、一八七〇年代・八〇年代の雑誌には結社が母体となったものが多くあり、民権運動期の結社（→第4章）は、嚶鳴社は『嚶鳴雑誌』、愛国社は『愛国志林』といったように、雑誌を刊行して、それぞれの主張を世に問うた。

民権運動が凋落した後に影響力をもったのは、徳富蘇峰《とくとみそほう》が一八八七（明治二〇）年に創刊した『**国民之友**』である。『国民之友』は、民権運動期の活動家の行動を、粗野で暴力的なものとして否定し、「新日本」を担うべき「青年」が、着実な実践によって社会を変えてゆくことを説いた。『国民之友』の呼びかけは、地方で、同誌を模倣《もほう》した青年雑誌を多数生み出した〔木村 一九九八〕。『国民之友』による「青年」像の提示は、日本近代社会の基本的な構造が定着する中で、それに適応できる人間像を作り出す役割を担っていたと位置づけられよう。

一八九〇年代には、新聞の動向と軌を一にして、大きな発行部数を誇る商業的な雑誌が登場し、それに押されるように『国民之友』は勢いを失ってゆく。こうした動向を主導したのが、博文館という出版社であった。博文館は、一八八七（明治二〇）年、雑誌『日本大家論集』で成功をおさめ、日清戦争時には口絵写真を添えた戦況報道誌『日清戦争実記』を発行し、九五（明治二八）年には、『太陽』『少年世界』『文芸倶楽部』という三つの雑誌を創刊して、雑誌界をリードするようになる。

雑誌『太陽』の特徴は、ページ数の多さと、その記事内容が、政治・経済・文化のあらゆる側面に及ぶ点にあった。このような多様な内容と量をもつ『太陽』は、独自の政治的・社会的主張を伝達する雑誌ではなく、特定の思想的立場に立たないで、多様な読者に受容されることを可能にした［永嶺一九九七］。雑誌でも、新聞の「中立」化と同様の現象がみてとれるのである。

このような東京発のメディアの全国展開を支えたのは、この時期、全国網として整備されつつあった鉄道であった。東京の出版物が、それほど時間を置かずに地方に流通するようになるのである［永嶺二〇〇四］。

●投書と「誌友交際」

しかし、読者は単に受け身の存在であったわけではない。これらの雑誌は、投書・投稿を募ることを一つの特徴としていた。特に、男性青年（中学校生徒レベル）では、雑誌に投書する文化が広がった。図12-1は、雑誌『少年世界』の懸賞投稿募集記事である。懸賞の題が出され、そのテーマで文・詩（漢詩）・歌（和歌）の投稿を募り、その中から優秀作品が掲載される仕組みである。上段がこの号で募集されている課題で、下の欄には第一回の懸賞課題の優秀作が掲載されている。

地方の青少年は、有名な雑誌執筆者の文体を模倣しつつ、青少年向け雑誌に投稿した。繰り返し掲載され、全国に名を知られる人物も現れた。例示した『少年世界』の誌面にみえるように、優秀作の作者は住所も氏名とともに掲載されたから、投稿者どうしが、個別に文通する「**誌友交際**」と呼ばれるような状況も現れた。

また、青年・少年たちは、中央の雑誌を模倣しつつ、地方で、自分たちが文芸同人誌を刊行し、「誌友交際」のネットワークを通じて、雑誌を交換し合うこともあった。この背景には、一八九〇年代の中学校の増加、学校での校友会雑誌の発行の隆盛がある（したがって、その中心的な担い手は男子中学生である）［長尾 二〇一八］。

図 12-1 『少年世界』1 巻 3 号（1895 年）

寄書

寄書規程

●用紙は半紙二つ折●字数は天地左右をあけて一行三十一字詰●行数は廿五行以内●詩歌、文章、考へ物、通報等一件毎に別紙に認むべし●懸賞文の外は國名姓名丈を記入すべし●封袋の表書には「少年世界原稿」の文字を記入すべし●原稿は必らず楷書の事

少年世界懸賞課題

文（第一）戰捷紀念碑設立の檄（第二）鷹の説（第三）運動會に人を誘ふ文
詩（第一）題富士山（第二）春晴訪友（第三）観牡丹
歌（第二）深山花（第三）侍杜鵑

●右（一）は〆切三月十五日切。四月一日披露●（三）は〆切五月十五日。六月一日披露

●懸賞當撰者には美麗なる名譽賞牌及博文館發兌圖書を進呈す目下賞牌は新調中に付き出來次第第一回懸賞課題當撰者へ贈呈すへし

第一回懸賞課題披露

天　乙未新正　紀伊國那賀郡粉河町　入塚廷吉
地　千葉縣葛飾郡川間村　瀬能寛三
人　横濱市元濱町三丁目廿八番地　渡邊憲章
天　日上東海　下野小山町　田村家壽子
ふたみのうらのほる朝日ともろともにさしくる汐のおとゆたかなり

協力　博文館新社。

こうして、東京発の全国雑誌を結節点としながら、地方独自の雑誌をつなぐネットワークが生まれる。全国で、同じ雑誌が読まれ、情報が共有されるようになると同時に、それを支える人々のつながりが形成されるのである。メディアの発信と、読者の積極的反応の双方がそれを支えていた。

　一方で、そうしたメディアの全国化は、メディアの均質化・商業化・政治的主張の薄まりと表裏一体のものでもあった。自由民権運動期とは異なるメディアのあり方が、一八九〇年代には出現した。

中学校から高等学校への進学熱や立身出世熱も、こうした中央‐地方をつなぐ情報のネットワークを前提にしたものだったのである。

注

（1）同名であるが、現在の『毎日新聞』とは無関係である。現在の毎日新聞社は、明治期の『大阪毎日新聞』『東京日日新聞』の系譜に連なる。

（2）「太政類典・第一編・慶応三年〜明治四年・第五巻・制度・出版・爵位」（国立公文書館所蔵、太〇〇〇〇五一〇〇）。

（3）同紙は明治政府の左院の議事や、左院に提出される建白書を「左院御用」として掲載する特権を有していたため、このことが可能だった。

■もう少し勉強したい人のために

有山輝雄・竹山昭子編『メディア史を学ぶ人のために』世界思想社、二〇〇四年。

明治維新期から高度成長期までを一二章構成で、各時代のメディア（新聞・雑誌・ラジオ・映画など）の特徴を、それぞれの専門家が執筆した入門書。

西田長寿『明治時代の新聞と雑誌』至文堂、一九六一年。

著者は、東京大学明治新聞雑誌文庫に長く勤務した人物。当該書は、明治期の新聞・雑誌界の動向や、発行者・発行時期を包括的に叙述した書物として重要。

山本武利『近代日本の新聞読者層』法政大学出版局、一九八一年。

新聞・雑誌の読者層の分析は史料上の困難をともなう。当該書は各種史料を駆使してその様態に迫ったもので、新聞を用いて日本近代史を研究する者が必ず一度は目を通す研究書である。

□その他の参照文献

有山輝雄『近代日本ジャーナリズムの構造——大阪朝日新聞白虹事件前後』東京出版、一九九五年。

稲田雅洋『自由民権の文化史——新しい政治文化の誕生』筑摩書房、二〇〇〇年。

大谷正『日清戦争——近代日本初の対外戦争の実像』中公新書、二〇一四年。

小野秀雄『日本新聞発達史』大阪毎日新聞社、一九二二年。

片山慶隆『日露戦争と新聞——「世界の中の日本」をどう論じたか』講談社選書メチエ、二〇〇九年。

木村直恵『〈青年〉の誕生——明治日本における政治的実践の転換』新曜社、一九九八年。

佐々木隆『シリーズ日本の近代　メディアと権力』中公文庫、二〇一三年。

鈴木淳『シリーズ日本の近代　新技術の社会誌』中公文庫、二〇一三年。

長尾宗典「『誌友交際』の思想世界」中野目徹編『近代日本の思想をさぐる——研究のための一五の視角』吉川弘文館、二〇一八年。

永嶺重敏『雑誌と読者の近代』日本エディタースクール出版部、一九九七年。

永嶺重敏『〈読書国民〉の誕生——明治三〇年代の活字メディアと読書文化』日本エディタースクール出版部、二〇〇四年。

第13章 政治の役割
▼地方利益誘導と救貧政策

一 民力休養から地方利益誘導へ

●政府と民党の対立

あらためて、ここまでみてきた日本近代社会のあり方を振り返ってみれば、それは、近代的企業や、農商工の「家」経営体、そして「家」を失った諸個人が競争に駆り立てられる社会であったと言えよう。そして、人々が競争をする中心的な場は、市場であった。日本近代社会は市場を軸に、人々が結び付き、競争し、一方で互いに必要なものを手に入れるという点では依存し合う社会だったのである。そして、そうした競争を一定程度制約するものとして、人々が作り上げる「抜け駆け可能な社会集団」が、市場を媒介にしながら関係を取り結んでいた。

それでは、この社会では政治はどのような役割を果たしていたのだろうか。これが、本章の課題である。

江戸幕府を倒して成立した政府は、王政復古クーデタと、廃藩置県クーデタという二段階のクーデタを経て成立した政府である（→第2章）。結局のところ、クーデタ政権にすぎないので、権力としては正統性に乏しく、それゆえ自由民権運動という政府外の敵対者からの挑戦に晒《さら》されることになる（→第4章）。

こうした状態に一応の制度的な安定がもたらされるのは、一八八九（明治二二）年に大日本帝国憲法が発布され、翌一八九〇年に帝国議会が開会した時点である。これ以降、国制の大枠は、日本国憲法が施行される一九四七（昭和二二）年まで変化しない。

大日本帝国憲法のもとでは、内閣総理大臣は天皇が任命する建て前であった。しかし、実際には、有力な政治家たちの協議で候補者が決まり、それに基づいて天皇が首相を任命していた。二〇世紀初頭までは、一つの内閣が総辞職すれば、長州藩出身の伊藤博文、山県有朋、薩摩藩出身の黒田清隆や松方正義ら、のちに**元老**と呼ばれるようになる有力政治家たちが、お互いの中で首相候補者を選び、彼らが政権をたらいまわしするかのように担当していた。伊藤や山県たちが首相の選定にかかわることに何らかの制度的根拠があるわけではなく、彼らの権力には、単にそれまで数々の政争を潜り抜け、各種の制度整備を実現させてきたという実績があるという以上の正統性はない。

これに対して、初期の議会では、自由民権運動の系譜をひく反政府政党（「民党」）勢力が多数を占

図 13-1　中央（一般会計）と地方（普通会計）の歳出

［単位：百万円］

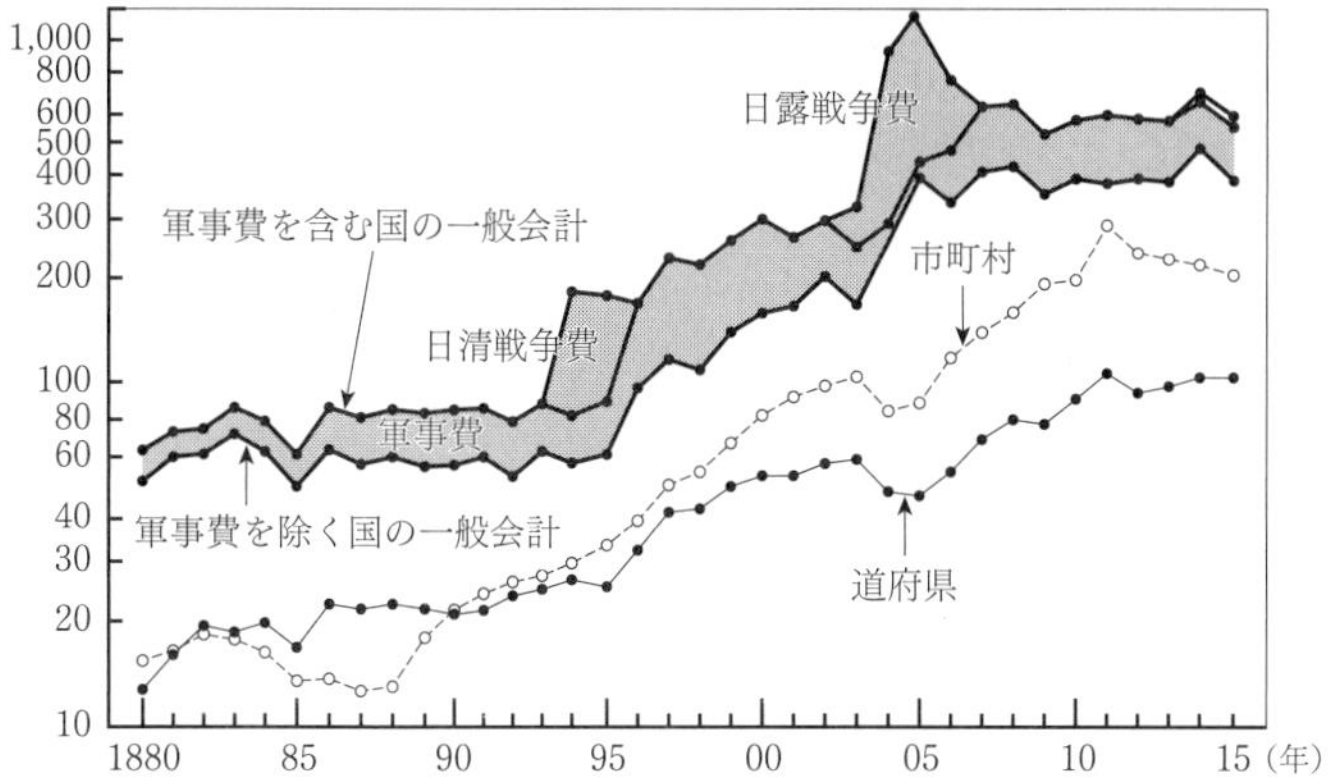

注　1894-95 年，1903-07 年，1914-15 年の臨時軍事費特別会計歳出を中央の一般会計に合計した数字を「軍事費を含む一般会計」の上方に付加してある。
出典　［中村 1990: 14］。

めた。民党の基本的な主張は**民力休養**、すなわち減税であった。大日本帝国憲法が制定されてからは、原則的に、政府は予算案を帝国議会で認めてもらわなければならなくなったが、こうした状況のもとでは、大きな財源を衆議院で認めてもらうことは難しかった。このため、**図 13-1** にみる通り、一八九〇年に議会が開設されても、日清戦争（一八九四～九五年）以前の国の一般会計はかなり固定的な額で推移した。大型予算は衆議院を通過しないからである。

●政府と民党の接近と地方利益政治の成立

こうした状況は日清戦争を機に変化する。日清戦後には財政規模の拡張がみられるが、これは日清戦争によって賠償金が得られたことにもよっている。しかし、日清戦後の日本政府は、賠償金規模を上回る軍拡とインフラ整備を行うことになる。これを**日清戦後経営**と呼ぶ。日清戦争に日本が勝利したことによって、東アジアの国際情勢は大きく変化し、いわゆる「三国干渉」に象徴されるように、東アジアにおける欧米列強の対日警戒感が高まったため、軍事力増強とそれを支える産業や交通・通信網の整備への注力が必要になったのである。

ついに、一八九九（明治三二）年、地租率を地価の二・五％から三・三％へ引き上げる増税案が帝国議会を通過する。これは、衆議院の多数派である憲政党（旧自由党系）が山県有朋内閣と取り引きをした結果であった。憲政党は、地租の増税を認めるのと引き換えに、党所属の議員の支持基盤である地方に、治水事業や、鉄道、道路、港湾の建設や改修を行うこと、学校を設立させることを政府に認めさせたのである［坂野 一九七一］。

このように、インフラ整備を取り引き材料にして合意形成を図るようになると、どこにそうした事業を誘致するか、どのような優先順位で鉄道や道路を整備するか、といった競争が地域間で発生することにもなる。このように、地方からの支持を調達するために各地に分配される公共事業を「**地方利益**」と呼び、これに基づく政治手法を「地方利益誘導」と称する。

憲政党は、一九〇〇（明治三三）年に、伊藤博文を総裁に迎えて立憲政友会へと改組される。一九〇一年、桂太郎が首相に就任し、以後、桂と、伊藤を継いで第二代の政友会総裁となった西園寺公望が、総辞職の際に互いを後任に推薦し合う政権交代が続く。いわゆる桂園時代である。政友会は、全国の地方利益要求を吸い上げ、それを調整する政党として、衆議院の多数党の地位を築くことに成功する。

二　「地方利益」はなぜ「利益」なのか

●舞台としての府県会

中央レベルで地方利益誘導型の政治が成立する前提として、地方レベルで、すでにこうしたかたちの政治が進行していたことが挙げられる。その場となったのが、地方三新法によって各府県に設置された府県会である（↓第3章）。府県会は地方税の予算を審議する機関であるから、各府県単位で行われる事業の内容に、予算審議を通じて影響を与えることができた。

自由民権運動期には、府県会は、府県庁と民権派議員の対立の舞台ともなり、府県庁が提出した予算案に対して、民権派議員は初期の帝国議会と同様、やはり減税要求に基づく事業の縮小をしばしば求めた。しかし、民権運動が終焉《しゅうえん》した後は、府県会は各地域の利益の分配・調整の場となってゆく。予算案を編成するのは、中央から任命された知事をトップとする府県庁なので、予算案編成と府県会での審議を通じて、府県庁は各地の府県会議員と合意形成を図ることができたのである［有泉 一九八〇］。

しかし、注意が必要なのは、道路、鉄道、学校をつくることが、ある地域の「利益」となることは、自明ではないということである。例えば、府県会ができる以前の一八七四（明治七）年に、山梨県では、県庁が進めた新しい道路建設をめぐって、それに反対する運動が起きている。新道路沿線の宮谷村という村が、計画通りに道路をつくると、その村で盛んに行われていた山葵《わさび》生産に必要な湧き水が枯れてしまうという理由で反対したのである〔有泉 一九八〇：一五〕。この事例が示しているのは、一つの道路が、ある地域を全体としてみた場合には利益になるとしても、個々の村や個々の経営にとっては必ずしも利益になるとは限らない、むしろ、自分たちの暮らしを脅かす場合もあるということであり、かつ一八七四年の時点では、それが表面化してしまい、「地方利益誘導」の政治は成立していないということである。一つのインフラ整備が、地域にとって望ましいものとみなされ、その誘致が競われるようになるためには、あるまとまった地域が、個別利益の対立を抑え、地域全体の利益を優先するような仕組みが必要となる。

●鴻巣・松山間道路建設問題

事例として、一八八四（明治一七）年から八九年にかけて問題になった埼玉県鴻巣《こうのす》と松山を結ぶ道路（図13-2）の建設問題を取り上げてみよう〔松沢 二〇〇九、二〇一三〕。

この道路建設は、日本鉄道の駅が設置された鴻巣と、物資の集散地だった松山（現在の東松山市）を結ぶことによって、地域の経済を発展させることをめざしたものだった。しかし、この道路をめぐっては、沿線の村々（合併前の村）で、建設の賛否をめぐって激しい対立が起こった。焦点となったのは、道路建設と水害の関係である。道路を建設するためには、それまで水田だった場所に盛り土をし

図 13-2　鴻巣・松山間道路周辺図

注　2万分の1迅速測図「松山町」を加工。
出典　［松沢 2009: 397］。

て、その上に道路を通さなければならない。ところが、道路が通る埼玉県横見郡南東部は、荒川沿いの低地で、北から南に向かって緩やかに傾斜している。そこに盛り土をして道路を築造すると、大雨が降った際、北から南へと流れる水を道路が堰《せ》き止めることになり、道路の北方の耕地が冠水してしまうとして、道路の北方の村が反対を唱えたのである。

事態は以下のような推移をみせた。一八八四年一一月、県庁は道路建設の検討を開始し、県の役人が出張して測量した結果、地図中の①の路線が最も適当であると結論を下した。これに対して反対運動が始まる。一八八六年一一月に、県庁は埼玉県会に、①の路線を前提とした道路建設予算案を提出するが、反対派による県会議員への働きかけが強まり、結局この年の県会では道路建設予算は成立しなかった。

この結果を受けて、県庁では、道路の位置を変更する計画を検討し始めた。下砂村・中新井村付近の「大工町堤」と呼ばれる堤防上に新道を建設するという計画である（図中の②）。「大工町堤」とは、荒川に沿って築造された堤防から分岐し、荒川に対しては垂直の方向に建設された堤防で、大工町堤の南側一〇カ村の洪水を防止する目的で近世前期に築造されたものである。道路建設以前から存在する堤防であるので、この上に道路を通せば、現状を大きく変更するわけではなく、反対は生じないだろうという見通しである。

ところが、この新しい路線に対しても反対が出た。大工町堤についても、道路建設と同じような理由から、大工町堤上流の村々と下流の村々との間でその高さをめぐる対立が、以前から存在していたのである。この大工町堤に道路をつくると、その対立が再燃することになってしまうというのが、その理由だった。

結局、翌一八八七（明治二〇）年の県会に、県庁は当初測量路線（①）を前提とした予算案を再提出した。県会では賛成・反対の双方の議論が入り乱れて混乱した。県庁は一時、丘陵を横切る路線（図中の③）への変更の可能性を再度模索したが、やはりこの路線にも、道路が横切る村々からの反対論が出た。つまり、①、②、③のどの路線をとっても、どこかの村から反対が起こるので、このような状態では、道路建設そのものをあきらめるのでない限り、距離的に最も無駄の少ない①の路線を通すのが合理的となる。こうして、この年の県会では、①の路線を前提とした予算が成立した。

予算が成立すると、これまで一応利害の主張の単位となってきた個々の村の中でも、個別利害の対立が顕在化する。道路が村を横切る位置にある村では、道路の北方と南方で賛否が割れてしまうのである。

道路建設は、県会が決議して決める地方税からの支出と、地元村々からの支出で建設される予定となっていた。県会で地方税支出が決まった後、一八八八（明治二一）年に、関係する村々の連合で会議が開かれ（反対派はボイコット）、予算が可決され、道路建設が着工された。

このような経緯からわかることは、道路の建設は、沿道の住民それぞれにとってみれば必ずしも利益とは言えず、それに反対する人々もいたということである。鴻巣・松山間道路は、そうした反対を抑圧して建設されたものだった。

●道路と市場

最終的に道路建設が可能となった条件を考えてみると、次の二つの事情を挙げることができるだろう。第一に、地元の意向が固まる前に、県レベル（県庁、県会）で方針が決定されてしまっていることである。第二に、地元での意思決定の過程を見ても、一枚岩ではない利害を、村々の連合体の会議で、多数決によって決定していることである。つまり、県全体のレベルをみても、地元のレベルをみても、個別の村や農家の事情よりも、地域全体の利益が優先される仕組みになっていたことが、道路建設を可能にした条件だった。

それでは、「地域全体の利益」を正当化する論理はどのようなものであったのだろうか。鴻巣・松山間道路建設予算が県会にかけられる前年、一八八五（明治一八）年、埼玉県会で、議長加藤政之助（のち衆議院議員となる）は、地方税から道路費を支出することが必要である理由を、次のように説明している。最近、わが埼玉県の中央を鉄道が貫通したのは、産業を発展させる力の源泉となるものである。ただし、この鉄道だけで産業が発展するわけではない。鉄道が開通して以降、鉄道沿線の各地はその産物を東京その他の地方に輸送する便を得たけれども、鉄道から離れた地域は、それを利用した輸送コストの低減という恩恵をいまだに受けていない。したがって、いま埼玉県の産業を振興させるには、鉄道から遠隔地域に伸びる道路を修繕・建設して、運輸の便をよくすることが重要である。しかし、現在の県内の道路の状況は非常に悪く、貨物を運搬する目的にとって十分ではない。そのため輸送コストが上昇し、価値のある生産物が売れないまま埋没しているのは非常に嘆かわしい。いま道路を整備すれば産業は発展し、これまで販路がなかったために価値をもたなかった産物も、その価値を増すであろう。

ここで加藤が主張しているのは、広い市場と結び付くことによって人々の生活はよりよくなるという考え方である。鉄道や道路といった交通手段は、人々と広い市場とを結び付けるための手段である。こうした考え方を突き詰めてゆくと、鉄道や道路といった交通手段は、単にそれを使う人にとって利益であるというだけではなくて、その市場につながっている人々全体にとって利益であると考えることが可能になる。

つまり、個別利害を超える「地方利益」とは、市場経済の動きを円滑にすることととらえられている。人々の暮らしが、市場の動きに依存するようになった近代社会において、政治権力の役割とは、市場の働きを円滑化する社会資本整備となるのである。これが、地方利益誘導の政治が成立する前提だった。

三　生活困窮者の救済

●恤救規則

こうして、日本近代社会では、政治の役割は主として市場経済を円滑に機能させることであると考えられるようになった。一方で、政治が生活困窮者を個別に救済する機能、今日で言えば社会福祉に当たるような分野への公的支出は限られたものだった〔池田 一九八六〕。

日本近代社会で、今日の生活保護に相当するような、生活困窮者救済の法令として機能していたのは、一八七四（明治七）年に制定された**恤救規則**《じゅっきゅうきそく》であった。恤救規則は、前文と五つの条文からなるごく短い法令で、前文では、「貧者を救済したり、憐れんで助けたりすることは、本来は人々が自発的な意志で行うものである。しかし、誰にも頼ることができず、放っておくわけにもいかないような者については、この規則に基づいて救済する」という趣旨のことが書かれている。政府に生活困難者を救済する義務はなく、あくまで人々の助け合いを前提としたうえで、それでも生活困難に陥った者を救済するという法令である。具体的には、①七〇歳以上の高齢者、②障がい者、③病気の者、④一三歳以下の児童の四つのグループが対象とされ、いずれも、働くことができず、きわめて貧しく、かつ、「独身」である場合に一定の米の代金を支給すると定められていた。ここで「独身」というのは、実際に一人暮らしであるということのみならず、戸籍上も「独身」であることを意味しており、配偶者、親・兄弟・子どもなどがいないか、戸籍が別になっていることを原則としていた。つまり所属すべき「家」のない者のみが救済対象とされたのである。

●被災者への援助

恤救規則のほかに、災害罹災者を対象とした法令として、一八八〇（明治一三）年に制定された**備《び》荒《こう》儲《ちょ》蓄《ちく》法**があった［松沢 二〇〇九、二〇一三］。備荒儲蓄法は、①災害によって困窮した者に、食料（実際の食べ物という意味ではなく、食費相当の現金という意味）・小屋掛料（仮設の住宅を設けるための費用）・農具料・種穀料を給与、被災によって地租を納めることができなくなった者には、租税の補助・貸与を行う。②政府はその原資として年間一二〇万円を支出し、三〇万円は中央儲蓄金として大蔵省が管理し、九〇万円は地租額に応じ各府県へ配布する。③各府県は政府からの配布額を下回らない範囲で、土地所有者から、それぞれの地租納入額に応じ、金を徴収する（これを「公儲金」と呼ぶ）。集められた公儲金は、配布金と合わせて府県儲蓄金として管理される。④府県儲蓄金の管理の方法は府県会が定める。ただし、各府県儲蓄金の半額以上は公債証書のかたちにしなければならない。

図 13-3　備荒儲蓄法の構造

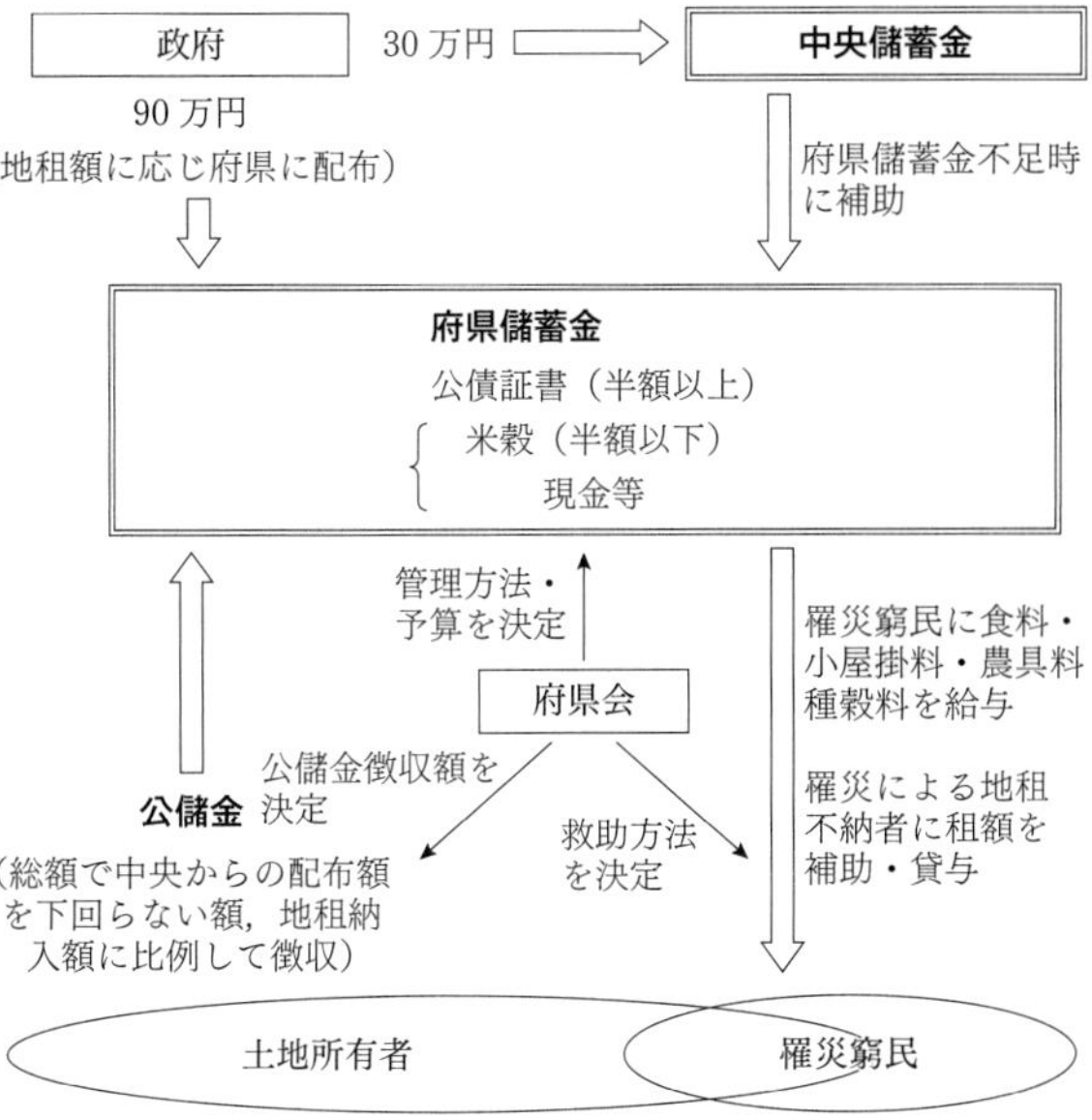

つまり、その分の公債（国債）を買い入れなければならない。残りの半分については米穀、現金、公債など、どのようなかたちで保管してもかまわないが、米穀による貯蓄は総額の半額以下としなければならない、という仕組みであった（図13-3）。

同法は、生活困難者に対して政府が一定の支出をすることを定めた法ではあるが、府県儲蓄金による公債の買い入れが義務づけられているように、政府の財政を支えるための法という側面ももっていた。かつ、実際に罹災者に与えられるのは、食料・小屋掛料にしても、現物ではなく現金であり、罹災者は市場で必要な物資を購入することが前提にされていた。

帝国議会の困窮者救済に対する態度も熱心ではなかった。政府は、一八九〇（明治二三）年の最初の帝国議会に、恤救規則にかわって、その救済範囲をやや広げ、市町村に生活困難者救済を義務づける窮民救助法案を提出するが、議員たちからは、救済の拡大は怠け者を増やすだけだという批判が多く出され、法案は否決された［池田 一九八六、松沢 二〇一八］。

また、備荒儲蓄法は、当初、その施行期限を二〇年としていた。二〇年後には十分な蓄積ができて、あとはその運用利子だけで救助に必要な資金はまかなえるという見通しがあったのである。そして、制定後しばらくはこの見通しよりも順調に蓄積が進んだため、一八九〇（明治二三）年に公儲金徴収と国庫支出を廃止する法改正が行われた。ところが、一八九一年に東海地方で大地震（濃尾地震）が起こり、また水害も相次ぎ、蓄積が予想外に減少した。政府は一八九二年に、一般会計から中央備荒儲蓄金に資金を繰り入れることを可能にする法案を提出するが、支出拡大を嫌う帝国議会はこれも否決してしまう。議員たちは、一八九一年、九二年の連続した災害が異例であると考えたのである。しかし実際には、一八九〇年代には引き続き水害が続発し、九六年六月に三陸地方を大津波が襲い、九七年には中央儲蓄金がほぼ底をついた。こうして備荒儲蓄法は破綻《はたん》してしまい、一八九九年、新たに**罹災救助基金法**が制定され、中央の貯蓄を廃し、府県の罹災救助基金を軸とし、それに国庫が補助を与えるかたちに、災害救助の仕組みが再編された［農業災害補償制度史編纂室 一九六三］。

このように、日本近代社会においては、市場に参加し、そこから何らかの収入を得ること、そして努力によってそれは可能であることが前提視されるようになった。そのため、政治権力が生活困難者の救済にあたることは、積極的には行われなかったのである。

■もう少し勉強したい人のために

松沢裕作『町村合併から生まれた日本近代――明治の経験』講談社選書メチエ、二〇一三年。

地方制度の整備が地方利益誘導を可能にした構造を、本章でも取り上げた鴻巣・松山間道路建設問題や、備荒儲蓄法の性格を通して論じている。

松沢裕作『生きづらい明治社会――不安と競争の時代』岩波ジュニア新書、二〇一八年。

中学生・高校生向けに書かれた明治社会史の入門書。第三章が恤救規則の内容と、窮民救助法案否決の経緯の説明にあてられている。

□その他の参照文献

有泉貞夫『明治政治史の基礎過程――地方政治状況史論』吉川弘文館、一九八〇年。

池田敬正『日本社会福祉史』法律文化社、一九八六年。

中村隆英「マクロ経済と戦後経営」西川俊作・山本有造編『日本経済史五　産業化の時代』下、岩波書店、一九九〇年。

農業災害補償制度史編纂室編『農業災害補償制度史　第一巻　本編』上、農林省、一九六三年。

坂野潤治『明治憲法体制の確立――富国強兵と民力休養』東京大学出版会、一九七一年。

松沢裕作『明治地方自治体制の起源――近世社会の危機と制度変容』東京大学出版会、二〇〇九年。

第14章 労働組合と初期社会主義

▼個人の問題から社会の問題へ

一 「社会問題」認識の発生と社会主義者たち

●初期社会主義者たち

ここまでみてきたような、明治社会における苛烈な競争、都市に広がる貧困は、明治時代後期になると、特に知識人の間で、**社会問題**というかたちで認識されるようになった〔松永 一九七六〕。一八九七（明治三〇）年には、「社会問題研究会」が発足した。この会の参加者は多様であったが、翌年には社会主義研究会が発足し、これが一九〇〇年に社会主義協会へと発展して、次第に、社会主義者たちが、「社会問題」に取り組む中心的なグループとして浮かび上がってきた。第一次世界大戦・ロシア革命を経た一九二〇年代〜三〇年代の社会主義運動と区別して、この時期の社会主義運動を初期社会主義と呼んでいる。

初期社会主義をリードした中心人物たちの履歴をみてみよう。

安部磯雄《あべいそお》は福岡藩士族の子であり、同志社で学んだキリスト教徒であった。木下尚江《きのしたなおえ》は松本藩士の子である。民権運動の影響を受けて政治にめざめ、東京専門学校（現在の早稲田大学）を卒業している。彼もキリスト教徒であった。初期社会主義者の中には、こうしたキリスト教社会主義者が多くいた。(1)

初期社会主義を代表する人物と言えば幸徳秋水《こうとくしゅうすい》であるが、彼は高知の町人の子である。幸徳は中学校を落第して中退し、上京して、自由民権運動に参加した。著名な民権家中江兆民《なかえちょうみん》の書生となり、ジャーナリストとして活動し、一八九八（明治三一）年、新聞社万朝報社に入社した（→第12章）。『万朝報』は、この時期の社会問題の報道で重要な役割を果たすことになる。

幸徳秋水の盟友、堺利彦《さかいとしひこ》は、旧小倉藩士の子として生まれ、第一高等中学校に入学するが、除籍となった。もともと文学者志望であったが、幸徳と同様に『万朝報』で筆をとることになった。

片山潜《かたやません》は、岡山県の比較的裕福な農民の子として生まれたが、次男であったため、自活の道を考えざるをえなかった。当初は、教員養成学校である岡山師範学校に入学したが、学問で身を立てることを志し、一八八一（明治一四）年に上京した。上京後は、印刷工や塾僕（塾に住み込みで働く仕事）として働きながら、漢学を学んだが、成功しなかった。まさに「苦学生」生活を送っていたわけである。(2)転機となったのは、アメリカに渡った友人からの手紙に、「アメリカならば貧しくても学問ができる」という一文があったことであった。一八八四年、アメリカに渡ると、コックなどをしながら、一三年間にわたり勉学を続け、イェール大学神学部を卒業した。在米中にキリスト教徒となり、一八九六年に帰国した〔三村 二〇〇八〕。苦学生の中には、アメリカに渡って苦学生活を続ける者がいたが、片山はこのタイプにあたり、かつ「成功」を収めた例である。

これら初期社会主義者の履歴からは、いくつかの共通点が浮かび上がってくる。第一に、年少時に自由民権運動の影響を受けていることである。第二に、地方から東京へ出てきている。「立身出世」の回路へ乗ろうという志向、ないしは政治参加への志向がある。しかし、学歴エリートや官僚への道は閉ざされているか、そこから脱落している。堺や片山には「苦学」経験があり、結果的にいずれも政治家・官僚への道ではなく、ジャーナリストの道を選んでいる。

●「社会問題」をめぐる連帯

この時期には、社会主義者と、非社会主義者の間の壁は高いものではなく、幸徳のような唯物論的社会主義者から、木下・安部のようなキリスト教社会主義者、内村鑑三《うちむらかんぞう》のような非社会主義的キリスト教徒までを包含する「社会問題」の解決へ向けた緩やかな連帯が存在した。その拠点が、黒岩涙香の経営する新聞『万朝報』だった。センセーショナルな有力者の醜聞暴露で部数を伸ばした『万朝報』だったが（→第12章）、二〇世紀初頭には、内村鑑三（一八九七年入社）の影響もあって、単なるセンセーショナリズムによる権力者批判から、「腐敗・堕落」した人心を改良することをめざす方向へと路線を転じ、一九〇一（明治三四）年、『万朝報』記者たちを中心に「理想団」が設立された〔有山

一九七九、一九八〇〕。理想団のメンバーたちは、足尾鉱山鉱毒問題にかかわるなどして、「社会問題」の発信を行った。

なぜこの時期、社会主義者を中心とする「社会問題」認識が生まれたのか。それは、競争的な社会のあり方と「立身出世」主義への懐疑が深まってきたことによる。正直によく働きさえすれば成功するのであって、貧乏は怠惰の結果だという社会の建て前が、所詮は建て前にすぎず、多くの人々がその仕組みの中で重い労働に苦しんだり、「立身出世」に失敗して都市下層に落ち込んでいったりする事態が誰の目にも明らかになり、このままでは日本はまずいのではないか、という危機感が知識人の間に広まったとき、問題は「個人」の側の努力の不足ではなく、「社会」の仕組みがおかしいからなのではないか、というかたちで問題が認識されるようになるのである〔松沢　一九七三〕。今日では何気なく使われる「社会問題」という単語であるが、明治期に「社会問題」という単語が登場したとき、「それは個人の問題ではなく社会の問題なのではないか」という強い主張とセットであった。そして、「社会主義」はまさに、「社会」の問題を解決する思想として、この時期に登場してきたのである。先に述べた社会主義者たちの経歴は、こうした「努力の結果は成功か？」という疑問と対応していた。

二　労働運動の誕生

●労働組合期成会と鉄工組合

次に、日本における労働運動の発生について述べよう。

日本の労働運動の起源の一つは、アメリカに渡った苦学生たちにある。一八九一年、サンフランシスコで、在米日本人労働者が中心となって**職工義友会**が設立された〔二村 二〇〇八〕。その中心人物高《たか》野房太郎《のふさたろう》は、渡米後、裕福な家に住み込みで家事使用人として働いたり、小商店を経営したりしながら、学校に通ったり、独学したりしていた渡米型の苦学生であった。高野は、靴職人で修業のためにアメリカに渡っていた城常太郎《じょうつねたろう》とともに職工義友会を設立したのである。

高野は、日本に帰国後の一八九七（明治三〇）年、日本で職工義友会を再組織し、「職工諸君に寄す」を発表した。同年七月五日には**労働組合期成会**が結成され、日本で労働組合を組織するための運動を開始した。労働組合期成会の働きかけで、同年一二月一日、**鉄工組合**が結成された。「鉄工」とは、かなり広い範囲の重工業労働者を指す用語であるが（→第9章）、組合には一一八三人の鉄工が参加し、そのうち砲兵工廠所属が六七七人で過半数を超えていた。ここでも重工業労働者の主力が砲兵工廠の労働者であったことがわかる〔二村 二〇〇八：二〇三〜二〇四〕。

鉄工組合の活動の中心は共済事業であった。組合費を積み立てておき、ケガや病気で仕事を休まざるをえなくなった組合員に補償を支払う仕組みである。しかし、この共済事業は、活動資金の枯渇により事業の継続が困難となり、その結果、鉄工組合も衰退していった。なぜ活動資金が枯渇したのだろうか。それは、一度組合に加入した労働者でも、当時は別の工場へ短期間で移動するのが一般的であったので、別の工場へ移った際に、そこに鉄工組合の支部が存在するとは限らず、そうした場合には組合から離脱してしまうからである。さらに、工場から独立した労働者は、当然組合から抜けてゆく。このような事情で、組合費納入が安定しなかったのである〔ゴードン 二〇一二〕。

●組合形成の困難さ

高野房太郎は、「労働は神聖なり、結合は勢力なり」を運動のスローガンとして掲げた。しかし鉄工組合の帰趨《きすう》は、明治期の社会で労働組合という「結合」をつくることの難しさを示すものであった。労働組合は、企業に雇われて働き、賃金を受け取る個人が、自らを「労働者」と認識し、自らの職場、職種、あるいは「労働者全体」の利害の共有を自覚し、権利を主張するところに成立する。しかし、これまでみてきたように、近代日本にあっては、標準的な働き方は「家」経営体単位での労働であると考えられていた。男性労働者にとっての目標は、独立して自ら「家」経営体の主となることであり、職場では、擬制的な「家」である親方‐子分関係を形成するのみであった。女性労働者は「家」のために働くか、「家」から切り離されたバラバラの諸個人として相互不信のうちにあった。「家」小経営の中で生きることが、あるべき姿と考えられている社会の中では、賃金労働者は、都市雑業層と同様に、社会にしかるべき位置を与えられない存在となる。そうした状況の中では、労働者自身も、「労働者」としての権利や利害の共有を認識することは難しかったのである。

これに加えて、政府は一九〇〇（明治三三）年に治安警察法を制定して、労働運動の弾圧に乗り出した。治安警察法一七条は争議・ストライキを事実上禁止した。すべての労働争議・ストライキに必ず治安警察法一七条が適用されたわけではないが、こうした規定があることは、労働運動の抑制に一定の効果をもたらした〔二村 一九七五〕。

三　日露戦争と社会主義運動の分裂・弾圧

●平民社の結成

「社会問題」をめぐる知識人の緩やかな団結が崩壊するきっかけとなったのは、一九〇四（明治三七）年の日露戦争の勃発《ぼっぱつ》だった。開戦前から、世論の主流は開戦支持であり、『万朝報』の経営者黒岩涙香も開戦支持＝「主戦論」に立った。これに対して、社会主義者の幸徳秋水・堺利彦は、開戦反対＝「非戦論」に立ち、幸徳・堺は万朝報を退社するに至ったのである。

国民の開戦支持の声は高く、非戦論に立つ社会主義者は孤立した〔飛鳥井 一九七六〕。幸徳らは一九〇三年に「万朝報」を退社した後、「平民社」を立ち上げ、『平民新聞』を発行するが、部数は伸びず、平民社の経営は悪化した。

●「社会主義伝道行商」

平民社のメンバーは、宣伝のために、平民社の書籍や新聞を載せた車を引いて全国をまわる、「社会主義伝道行商」を始めた。この伝道行商に従事した活動家・荒畑寒村《あらはたかんそん》による回想をみてみよう。

私のいでたちは黒い詰め襟の洋服に脚絆草鞋《きゃはんわらじ》、両側には社会主義書類伝道行商、背面に東京市麴町区有楽町平民社と白くぬき、箱の上に洋傘《こうもりがさ》一本をくくりつけた赤塗りの箱車をひいている。

……

ろくろく説明もきかずに断《こと》わる家の多いのは意外であった。中には社会主義とか東京の平民社とかいうなり、恐ろしいケンマクで非国民呼ばわりをする者さえある。初めて本を買ってくれたのは船橋の一医院で、第二日の夕方、千葉市の木賃宿に投じて車の手入れをしていると、巡査がいろいろと尋《たず》ねた末に本を買って行き、これが私を大いに元気づけてくれた。

……

田畑にはたらいている農夫にチラシを配《くば》り、畦《あぜ》に立って熱心に社会主義の宣伝演説をやる。いずれも初めは鍬《くわ》の手を休めて謹聴しているが、最後にはきまって「そういう世の中になれば結構ですが、私らの力じゃどうにもなりません」という。だが、何しろこっちは明日にでも社会主義が実現するように思い込んでいるのだから、そんなことで承知するものじゃない。どうでも今から社会主義に改宗させて、土地の国有でも地主の根絶でもやらせなければならぬ意気ごみで、なおも執拗《しつよう》に説き立てたものだから、少し気が変だとでも思って怖《おそ》れをなしたか、或は迷惑千万なひま潰《つぶ》しとでも考えたか、一人去り二人去ってみんな遠くへ離れてしまった。そこで、この出来星《できぼし》の革命家は農民の無知無自覚（！）に絶望憤慨して、悄然として立ち去ったのである(3)

このように運動が孤立していく中で、社会主義者たちは一九〇六（明治三九）年に日本社会党を結党した。しかし、議会を通じた社会主義の実現をめざす片山潜らと、ゼネスト（全国的なストライキ）

など直接行動による社会主義の実現をめざす幸徳秋水らの間で方針が対立し、分裂・解体してしまった。そして、孤立と分裂の中で、一九一〇年に政府は幸徳らを、天皇の暗殺計画に関与したとして逮捕した（大逆事件）。幸徳らは死刑となり、初期社会主義運動は終焉した。社会主義運動の復活は第一次世界大戦後を待たなければならない。

四　日露戦後の労働運動

●一九〇七年の大争議

労働組合運動も日露戦後に転機を迎えた。日露戦後の一九〇七（明治四〇）年に、労働争議は一つのピークを迎える。この年一年間で六〇件の争議が起こり、一万一四八三人が参加した。足尾銅山などの大鉱山、造船所など、大きな作業場で争議が発生したことが特徴である。日露戦後の物価高騰や、社会主義者の影響が背景にあるが、これだけの争議の発生はそれだけでは説明がつかない。

争議の中身に踏み込んでみると、軍工廠や造船所の運動の主体は、下級職長（親方的労働者）や熟練工が中心となり、会社側のホワイトカラーである職員層・上級職長に対して抵抗しているという構図であった。鉱山では、採鉱夫を中心とする熟練職種の労働者が、飯場頭《はんばがしら》（労働者を統括する宿舎の代表者）や職員に抵抗するという構図であった。いずれでも、熟練労働者や親方職工層が、争議の焦点であったことがわかる。

●争議の背景──親方職工層の変容

こうした対立が起きた背景には、日露戦争前後に、戦時の需要拡大もあって、これらの経営が急速に規模を拡大し、新しい技術体系を導入したことがある。その結果、親方の権限が後退し、会社側の直接的な労務管理への傾斜が強まったのである［二村 一九七五］。

造船所などでは、親方職工による搾取《さくしゅ》もなくなる代わりに、一般職工は親方層の保護も失うことになる。親方層は反発し、労働者は労働現場と無関係な上級職長の意向に左右されるようになって、不満を蓄積させる。一方、鉱山では、親方的存在であった飯場頭は、従来担ってきた作業の請負という業務を奪われた。彼らの仕事は、労働力の確保、入坑の督励、作業監督などに限られ、収入が減少した。飯場頭は、鉱山という周りから隔てられた環境の中で、労働者に食事を提供したり、日用品を販売したりする役割も担っていたが、収入の減少を食費・日用品の値上げなどで収益を確保することで補おうとして、一般鉱山労働者との対立を深めた［二村 一九八八］。

以上をまとめると、弱いながらも、親方‐子分関係に基づく社会集団をもっていた鉱工業労働者は、日露戦後の技術変化によって、そうした社会集団のさらなる弱体化を経験したのである。生活を支える社会集団の機能がさらに弱まったことが、労働者の不満を蓄積させ、これが一九〇七（明治四〇）年の連続的な大争議につながったのである。

しかし、日本の労働者は、事業所の単位を超える結合をもっていなかった。たしかに労働者には親方‐子分関係に基づく集団はあったが、それは基本的に一事業所内の結合にとどまる。結局、一九〇七年の大争議は、個別の工場ごとに発生し、争議は個別に鎮圧されて終結してしまった。

足尾銅山で争議が起こる前、労働運動家の永岡鶴蔵《ながおかつるぞう》は、足尾で行商をしながら、歌を歌い労働運動の組織化を進めていた。永岡が歌った「足尾鉱山労働歌」の一節には、

生存競争の烈《はげ》しさに、気絶をしたかタマゲタカ、眠って居るか死でるか、我友人の有り様は

というフレーズがある［二村 一九八八：三七］。抜け駆け可能な社会集団しかもたない近代日本で、一人一人の個人が、利害を共有しているという認識に立脚する労働組合のような団結を生み出すことは、容易ではなかったのである。

注

（1） 日本の社会主義運動におけるキリスト教社会主義の系譜は、初期社会主義にとどまるわけでもなく、一貫して一定の影響力を持ち続け、第二次世界大戦後の日本社会党右派の一部に引き継がれる。

（2） 印刷工は、当時の苦学生の代表的な仕事の一つであった。活字を拾うのに、識字能力が求められたからである。

（3） 荒畑寒村『寒村自伝』上、岩波文庫、一九七五年、一四二〜一四四頁。

■もう少し勉強したい人のために

二村一夫『労働は神聖なり、結合は勢力なり――高野房太郎とその時代』岩波書店、二〇〇八年。

三五歳で没した労働組合期成会の指導者、高野房太郎の評伝。高野を主要登場人物とする、長崎、東京、横浜、アメリカと、高野の歩んだ空間をつなぐ、一つの社会史叙述ともなっている。

二村一夫「労働者階級の状態と労働運動」『岩波講座日本歴史一八　近代五』岩波書店、一九七五年。

日露戦争期から一九二〇年代までの労働運動を、著者の一貫した視点から俯瞰した論文。一九〇七年の一連の争議を歴史的に位置づけた点に特徴がある。

□その他参照文献

飛鳥井雅道「初期社会主義」『岩波講座日本歴史一七　近代四』岩波書店、一九七六年。

有山輝雄「理想団の研究」Ⅰ・Ⅱ『桃山学院大学社会学論集』一三巻一号・二号、一九七九・八〇年。

ゴードン、アンドルー／二村一夫訳『日本労使関係史　一八五三―二〇一〇』岩波書店、二〇一二年。

二村一夫『足尾暴動の史的分析――鉱山労働者の社会史』東京大学出版会、一九八八年。

松沢弘陽『日本社会主義の思想』筑摩書房、一九七三年。

松永昌三「社会問題の発生」『岩波講座日本歴史一六　近代三』岩波書店、一九七六年。

第15章 日露戦後の社会

▼地方改良運動と都市民衆騒擾

一 地方改良運動

●日露戦争の負の遺産

一九〇四〜〇五(明治三七〜三八)年にかけて戦われた日露戦争は、八万人以上の戦死者を出したうえに、総額約一七億円の戦費を要した。その戦費は、日清戦争の二億円に比して八倍強である。その戦費を支えた収入の内訳は、租税が一一%、公債および借入金が七八%となっており、公債の半ば以上は外債であった〔高橋 一九六四:二一〇五〕。

戦争に要する費用や公債の返済に充てるために、戦時中から増税が行われた。一九〇四年四月の第一次非常特別税法では、地租増徴と、所得税、各種間接税の新設と増税が行われ、さらに一九〇五年一月には、これらの諸税をさらに増徴し、新たな間接税を設ける第二次非常特別税が課せられた。しかし、日露戦争の講和条約（ポーツマス条約）では、日清戦争時と異なり賠償金は得られなかった。その結果、非常特別税は、戦争という「非常」時が終わっても引き下げられることはなかった。地租改正以後、国の租税収入の大きな部分は地租が占めていたが、次第に間接税である酒税の割合が高まっていた。日清戦後に酒税の税収額は地租を抜き、さらに日露戦後の一連の間接税の増税・新設によって、租税体系は間接税中心となった。地方税財政（府県財政）・町村財政も拡大した。

●戊申詔書から地方改良運動へ

このように、日露戦争と、日露戦後の財政運営は国民に重い負担を課すことになった。しかし、明治期を通じて形成された、抜け駆け可能な社会集団は、国家から課せられる高い負荷に耐えられない性格のものだった。そこで、国家からの期待に応えられるような凝集力の強い集団を、国家の監督のもとに作り出すことが、政府の課題になった〔宮地 一九七三〕。

とりわけその焦点になったのは行政村（→第3章）であった。抜け駆け可能な社会集団にすぎない大字（→第6章）では、国家のコントロールが利かないからである。

一九〇八（明治四一）年一〇月、明治天皇の名前で**戊申詔書**《ぼしんしょうしょ》が発表された。詔書は「上下が力を一つにして、忠実に仕事に従事し、勤倹して生活を送り、信義を重んじ、華美な振る舞いを避けるように」という趣旨のことが書かれていた。

戊申詔書をかかげながら、内務省は、一九〇九（明治四二）年から、各地方の実務者を集めて「地方改良事業講習会」を開いて、町村行財政の改善をめざすキャンペーンを推進した。これが**地方改良運動**である。

地方改良運動は、内務省から、府県、郡、町村へと方針が下ろされてゆき、町村役場での業務改善が期待された。その具体的項目には、例えば、一九〇九年、群馬県勢多《せた》郡長の町村長宛訓示では、①町村是（町村の目標、計画）をつくる、②町村行政事務の整理、とりわけ税の滞納の整理、税滞納防止策の策定、③町村・小学校基本財産の設定、④部落有財産の統一、⑤産業組合の普及、⑥町村農会の活発化、⑦耕地整理奨励、⑧青年会の指導・普及、⑨表彰制度の導入、⑩義務教育の徹底と実業教育の奨励、の一〇点が挙げられている［宮地 一九七三：二四～二五］。

●地方改良運動の内実

地方改良運動の多岐にわたる項目の中で、ここでは、（一）部落有林野の統一事業、（二）神社合祀、（三）納税組合の組織化の三点に注目したい。

部落有林野統一とは、町村合併以降も、旧近世村＝大字（＝「部落」）が共有財産としてもっていた林野を、町村の財産（「町村基本財産」）の所有に移し、そこで林業を営み、そこから上がる収入で、町村財政の不足を補うことをめざす政策である。国税の増税と地方税・町村税へのしわ寄せを緩和するために、町村基本財産の蓄積を行おうとしたのである。しかし、それまで形成されてきた習慣に沿って、それぞれの大字で利用されてきた山林・原野を町村有財産として統合することは、住民の抵抗が強く、必ずしも順調に進まなかった。

神社合祀政策は、「一町村一社」を目標として、神社を合併してゆく政策である。これは、行政村単位での精神的統合を図り、大字間の対立・競合をなくしてゆくことを目標に推進された。

そして、納税の督促のために、住民に**納税組合**をつくらせ、税金の納入を個人個人ではなく、集団でとりまとめさせることも行われた〔坂根 二〇一一〕。村請制なき時代において、重税にともなう租税の滞納増加に対して、ある種の集団的な納税機構を再建しようとしたものとみることもできる。東京府西多摩郡戸倉村（現在の東京都あきる野市の一部）で制定された「税納附申合規約」[(1)]では、①納税期日の五日前に、村内集落に「納期報知旗」を掲示し、納期が近いことを知らせる。②納税報知旗は、その集落の納税人が全員納税するまで撤去しない。また、旗の設置・撤去は村役場が行う。③納税期日に納税しなかった者は、各集落の組長が督促する。④組長の督促を受けてもこれを納付しなかった者は「徳義を無視」した者として村役場に報告する。⑤滞納処分を受けた者は、集落の「体面」を傷つけた者として、「一切の交際」を断つことにする、といったことが定められている。

これは租税滞納者に対する集団的制裁の規約であり、大字内で結ばれる相互監視の規約（→第6章）と類似している。異なるのは、こうした規約が行政村主導で作成されることである。大字の相互監視機構を、行政村の下部機構に位置づけようとしたわけである。しかし、大字の相互監視が、相互の「抜け駆け」抑止のためにつくられたのとは異なり、これは国から行政村へと要請された目標を、さらに大字に押し付けるための道具として大字を利用しようとしたものであり、大字から内発的に生み出されたものではない。

そして、内務省は、このような地方改良運動に「成功」した村を「模範村」として表彰し、宣伝した。ここで取り上げた戸倉村は、こうした「模範村」の一つである。

こうした宣伝と表彰は必ずしも順調には進まなかった。内務省は、江戸時代後期に農村復興事業を展開した思想家二宮尊徳《にのみやそんとく》の**報徳思想**を取り上げ、一九〇六（明治三九）年に「報徳会」（のちに「中央報徳会」と改称）を組織した。しかし、そこで取り上げられた報徳思想は、もともと実践的な農村復興の方法という性格が強い尊徳の思想を、地方改良運動に適合的な、自己犠牲を要求する道徳思想に読み替えたという性格の強いもので、一方では従来からの報徳思想の実践者たちから批判され、他方では時代遅れの思想とみなされた［見城 二〇〇九］。

また、各地で開かれた「戊申詔書」の奉読式も、イベント単体で効果をもちうるようなものではなかった。例えば、内務省から、その「効果」を問われた群馬県が調査したところ、ほとんどの郡が「効果なし」と回答しているありさまであった。さらに、折しも日露戦後恐慌（↓第5章）の不景気に苦しむ中で、ただ「勤倹」するだけでは、消費が減退して景気がよりいっそう悪化するだけではないかという批判さえ出されるようになった［見城 二〇〇九］。

以上のような地方改良運動は、厖大な戦費負担によって無理が生じてきた日露戦後の社会を、宣伝と、精神の鼓吹《こすい》によって解決しようとする政策であった。

二　都市民衆騒擾

●日比谷焼き打ち事件

都市に目を転じると、日露戦後は都市で暴動が相次いだ時代であった。これを、現在の研究者は、**都市民衆騒擾**《そうじょう》と呼ぶ。

都市民衆騒擾の時代の幕開けとなったのは、一九〇五（明治三八）年九月五日の「日比谷焼き打ち事件」である。この事件は、東京の日比谷公園で開かれた日露戦争の講和条約（ポーツマス条約）への批判集会をきっかけにして起こった民衆暴動であった。

背景には『万朝報』『大阪朝日新聞』といったメディアによる講和条約批判があった。一九〇五年八月末、講和会議の報道がなされると、新聞の論調は、二〇億円の賠償金、沿海州の割譲などを主張する強硬なものとなった。賠償金なしというポーツマス条約の内容が発表されると、各紙は条約破棄の論説を掲げて政府批判を展開したのである。

条約締結日の九月五日には、対外強硬派の団体である講和問題同志連合会が主催して、日比谷公園で講和条約反対国民大会が計画された。この大会は、警察によって事前に開催を禁止されるが、警察の制止を振り切って強行開催された。大会終了後、その参加者は、日比谷公園に面する内務大臣官邸や、政府支持の立場をとっていた国民新聞社を襲撃し、暴動に発展したのである。

しかし、この暴動は、ポーツマス条約批判だけが要因で起きたわけではない。東京市内で二日間にわたって広がった暴動に参加した民衆は、警察や電車、教会といったさまざまな施設を焼き打ちの対象とした。政治的スローガンによって暴動が引き起こされたのではなく、日常の不満がそれをきっかけに爆発した性格のものである。

●相次ぐ暴動とその特徴

日比谷焼き打ち事件をきっかけに、日露戦後の東京では暴動が相次いで起こるようになる。一九〇六（明治三九）年の電車賃値上げ反対運動、〇八年の増税反対運動、一三（大正二）年の大正政変（第三次桂内閣を退陣に追い込む）、一三年の対中外交批判、一四年のジーメンス事件（山本権兵衛内閣を退陣に追い込む）などである［藤野 二〇一五］。

これらの暴動にはパターンがある。第一に、何らかの政治集団が屋外で集会を計画する。それにともなって民衆が集まり、民衆が暴動を起こす。つまり、民衆が何の呼びかけもなしに、自発的に行動を起こすわけではない。第二に、しかし、暴動自体の襲撃対象は政治的な目的をもつものとは限らない。政治問題に直結しない対象も襲撃される。典型的には警察署・派出所である。一方で、一般の住宅・商店はほとんど襲撃されない。第三に、暴動の継続日数は長くない。二日から数日である。地域的なつながりを基盤に蜂起の集団が形成されるわけではなく、目の前で起きた暴力に参加するかたちで、偶発的に集団が形成される。したがって、暴動の期間を通じて、一人の人間がずっと参加していることは少なく、ある襲撃対象から別の襲撃対象へと移ってゆく間に、そのメンバーが交替してゆき、そうしたかたちで暴動が連鎖してゆく。つまり、これらの暴動には、民衆の不満の一時的な噴出という性格が強い。

暴動の参加者はほぼ男性であった。その職業は、職人・工場労働者・日雇雑業層などが多い。年齢層は一五〜二五歳が中心である。興味深いことに、都市民衆騒擾の時代は、日比谷焼き打ち事件から一九一八（大正七）年の米騒動まで約一三年間継続するのであるが、その間、参加者の平均年齢は上昇していない（つまり、日比谷焼き打ちに参加した同じ人が、米騒動まで継続的に参加していたわけではない）。

●暴動の背景

このような、一貫して若い男性が参加者となる都市民衆騒擾が相次いで起こった背景には、以下の二つが挙げられる。

第一に、日比谷焼き打ち事件に典型的にみられるような、政府や富裕層に対する反発である。日露戦争による徴兵、重税、そして不景気を耐えなければならなかった民衆の不満は大きかった。ポーツマス条約で、日本が賠償金を獲得できなかったことは、自らが果たした国家への貢献や犠牲にふさわしいだけの努力を政治家や外交官は怠っているという不満に結び付いた。政治家たちは、努力なしに、自分たちの私的な利益を優先して、いい思いをしているという不公平感である（もちろん、実際の日露戦争は日本側が一方的に勝利できる状況ではなかったから、講和条約の内容自体は、客観的な国際情勢に規定されたものだったが、戦争勝利の報道に接していた民衆には、このことは理解されなかった）。こうした民衆の不満にかたちを与えたのが、外交的な強硬論と、国内的な民主化要求を結び付けて提示した野党系の政治グループである。国内で民主化が進み、外交政策に民意が反映されるようになれば、このような外交的失策は起きないはずだ、という論理である。今日の研究者は、こうした政治家集団を、**国民主義的対外硬派**と呼ぶ〔宮地 一九七三〕。

第二に、暴動の参加者が、若い男性の都市住民に限定されたことに注目するならば、彼らが置かれていた状況が暴動の背景として浮かび上がってくる。特に都市雑業層は、「家」経営体を基本単位とする近代日本社会において、周縁的存在であった（→第9章）。彼らもまた、自分の店をもって安定的な生活を送るといった上昇願望を抱いていたが、まじめに働いたとしても、それを実現することは、実際には困難であった。一定の年齢に達すると、そうした可能性そのものがないことが確定してゆくのであるが、若年層にとってはまだ、そうした可能性は、あくまで可能性として存在している。その社会的上昇の可能性と、現実の困難さとのギャップは、若年男性労働者に独特の精神的態度を生じさせた。いくら節約しても貯蓄できる可能性がないのなら、その日に稼いだ賃金はその日のうちにあえて使ってしまう、トラブルになり、自分にとって不利になるとわかっていてもあえて暴力を振るう、といった態度である。「節約し、勤勉に働き、「家」を守る」という日本近代社会の標準的な道徳が、適用の余地のない場所に生まれる対抗文化である。こうした態度は、工場労働者にも一定程度共有されていた〔藤野 二〇一五〕。

こうした二つの要因が重なったところに、日露戦後の都市民衆騒擾は起きた。何らかの政治的勢力が、不満を抱えた若い男性の都市労働者に、その不満を爆発させるきっかけを与えることで、暴動が起こるのである。それは、きわめて競争的な日本近代社会が、日露戦争がもたらした重い負担に耐えられなくなったことによって起きた。いわば日本近代社会の綻《ほころ》びの現れであった。

三　日露戦後の閉塞感と修養主義

●閉塞感の時代と「修養」

巨額の外債を抱え、戦後恐慌の不景気に苦しむ日露戦後の日本社会には行き詰まり感が漂うようになった。一九〇九（明治四二）年に発表された夏目漱石の小説『それから』の中には、主人公代助の次のようなセリフがある。(2)

第一、日本ほど借金を拵らへて、貧乏震ひをしている国はありゃしない。この借金が君、何時になったら返せると思うか。そりゃ外債位は返せるだろう。けれども、そればかりが借金じゃありゃしない。日本は西洋から借金でもしなければ、到底立ち行かない国だ。それでいて、一等国を以て任じている。そうして、無理にも一等国の仲間入をしようとする。だから、あらゆる方面に向って、奥行《おくゆき》を削《けず》って、一等国だけの間口《まぐち》を張っちまった。なまじい張れるから、なお悲惨なものだ。牛と競争をする蛙《かえる》と同じ事で、もう君、腹が裂けるよ。その影響はみんな我々個人の上に反射しているから見給え。こう西洋の圧迫を受けている国民は、頭に余裕がないから、碌《ろく》な仕事は出来ない。悉《ことごと》く切り詰めた教育で、そうして目の廻《まわ》るほどこき使われるから、揃《そろ》って神経衰弱になっちまう。

こうした行き詰まり状況の中で、特に青年男性の間に新たな精神的な態度が生まれてくる。さまざまな新しい知的動向の中で、階層を超えて広がり、次の時代の社会集団の組織化に大きな影響を与えたのは**修養**をキーワードとする精神的潮流であった。

●修養主義の二面性と広がり

修養主義は、概括的に言えば、個人が自己規律によって生活を律し、道徳的に人格を向上させてゆくという思想である。この思想には、立身出世志向（↓第11章）や「成功」熱と重なる部分と、重ならない部分があった。

重なる部分は、自己規律と努力が前提となっている点である。エリートの養成機関である第一高等学校（一高）の校長新渡戸稲造《にとべいなぞう》は、一高に修養主義をもたらし、校風を一変させたと称される人物であるが、同時に、一般向けの雑誌にも、「怒気抑制法」や「奮闘の心得」といった処世訓的記事を寄稿していた。一高生向けに説かれる修養も、一般向け雑誌に書かれる処世訓も、ともに個人の自己規律と向上を基礎とする点で共通している。修養の結果が「成功」でありうることを考えれば、修養主義は従来の立身出世志向・「成功」熱と両立するものであった［筒井 二〇〇九］。一方、「社会問題」

を発見した社会主義者たちの発想とは、必ずしも相性がよいとは言えない。

しかし、修養主義は立身出世志向と、個人として「人格」の向上を追求する志向が強い点で異なっている。こうした特徴は、個人を「家」から切り離し、独立した「人格」として直接に社会の中に位置づけることを可能にした。

こうした修養主義の特徴は、学歴エリートとなることに成功したものの、閉塞的な時代状況の中で人生の目標や意味を見失っていた知識人青年男性〔岡 一九六七〕にも、日露戦後に課せられた重い負担の中で農村の「改良」の担い手たることを求められた農村青年男性にも、「家」が標準の社会で、周縁的な位置に置かれ、時に蔑視の対象となり、対抗文化に依拠することによってそれにかろうじて抵抗することができるのみだった労働者男性にも、等しく受容される基盤をもっていた。

農村では、地方改良運動の中で青年団が組織化され、運動の担い手として内務官僚から期待されるようになる〔宮地 一九七三、平山 一九七八〕。青年団の思想的基盤となったのも修養主義であり、農村青年が「人格」を向上させることによって農村の改良に取り組むことを促した。それは、一面では青年が「家」の一員としてではなく、個人として農村社会を支える回路が開かれたことを意味してもいた。

一九一二（大正元）年八月に結成された労働者団体・**友愛会**もまた、当初、団結の目的として「修養」を掲げていた〔松尾 一九六六〕。友愛会は、日本の労働組合運動の源流となる組織であるが、その友愛会が「修養」を標榜していたことは重要である。すなわち、友愛会は、「家」が標準となる社会では適切な位置を与えられず、それゆえに暴力に訴え、刹那《せつな》的な行動をとるという対抗文化的行動をとる労働者が、まさにそうした行動ゆえに、労働者集団外の人々から蔑視の対象となり、それがますます労働者の対抗文化的行動を助長するという悪循環を問題視していた。この悪循環を止めるためには、労働者一人一人が、「修養」を通じて自己規律を身につけることが必要だと考えられたのである〔藤野 二〇一五〕。ここから、労働者が社会の中で適切な扱いを受けることを要求する運動、つまり労働運動への回路が生まれるのである。初期の労働運動が「人格承認」を要求のスローガンとして掲げていたことはその象徴である。なお、友愛会の組織者鈴木文治《すずきぶんじ》は東京帝国大学を卒業したエリートであり、この点に、修養主義が学歴エリートと労働者を結び付ける要素であったこともみてとれる。

もっとも、いかに個人が、「修養」を積み、「人格」の向上に努めたからと言って、恐慌が克服されるわけでもなければ、外債が減るわけでもない。日露戦後の閉塞感の中で、諸個人が追求可能な選択肢として修養主義が浮上してきたにすぎない。それは、一面では、日本近代社会が構造的に直面している諸課題を、個人の「修養」に還元してしまう思想でもあったが、一面では、「家」小経営の相互競争と、「家」どうしの弱いつながりとしての抜け駆け可能な社会集団から構成される日本近代社会のあり方を、自律する個人を起点として再編する可能性をもつ思想でもあった。その可能性は、第一次世界大戦後に部分的に現実化することになる。

注

（1）内務省『地方改良事績』騒々社、一九一二年、三二六～三二八頁。
（2）夏目漱石『それから』岩波文庫、一九八九年、九一～九二頁。

■もう少し勉強したい人のために

藤野裕子『民衆暴力――一揆・暴動・虐殺の日本近代』中公新書、二〇二〇年。

著者は男性労働者の対抗文化という観点から日露戦後の都市民衆騒擾の研究を刷新した研究者である。第三章は著者の研究成果の簡潔なまとめとなっている。

宮地正人『日露戦後政治史の研究――帝国主義形成期の都市と農村』東京大学出版会、一九七三年。

日露戦後社会の不安定性と、その帰結としての地方改良運動および都市民衆騒擾という図式を提示した古典的研究書。

□その他参照文献

岡義武「日露戦争後における新しい世代の成長――明治三八～大正三年」上・下、『思想』五一二・五一三号、一九六七年。

見城悌治『近代報徳思想と日本社会』ぺりかん社、二〇〇九年。

坂根嘉弘「近代日本における徴税制度の特質」勝部眞人編『近代東アジア社会における外来と在来』清文堂出版、二〇一一年。

高橋誠『明治財政史研究』青木書店、一九六四年。

筒井清忠『日本型「教養」の運命――歴史社会学的考察』岩波現代文庫、二〇〇九年。

中村隆英「マクロ経済と戦後経営」『日本経済史五　産業化の時代』下、岩波書店、一九九〇年。

二村一夫「労働者階級の状態と労働運動」『岩波講座日本歴史一八　近代五』岩波書店、一九七五年。

平山和彦『青年集団史研究序説』上・下、新泉社、一九七八年。

藤野裕子『都市と暴動の民衆史——東京・一九〇五～一九二三年』有志舎、二〇一五年。

松尾尊兊『大正デモクラシーの研究』青木書店、一九六六年。

終章　日本近代社会の構造と展望

一　日本近代社会のあり方

●身分制社会の解体

最後に、ここまでの叙述を、社会集団のあり方に即してまとめておこう。

日本近代社会は、それに先行する近世身分制社会が、無計画的かつ急激に解体されたことを条件として形成された。近世社会は、幕藩制国家が、社会集団を身分集団として公認し、把握し、それに役を課すことによって編成されていたが、身分制のなし崩し的解体の結果として、社会集団はその存立根拠を失った。「家」経営体が支配的な経済活動の単位であることは、近世・近代の移行期を通じて変化しなかったが、それまでは社会集団の外被に包まれていた「家」小経営は、そうした外被をいったん失い、剝《む》き出しの状態で個々にその存続を追求する必要が生じた。

こうした状況のもと、市場での財とサービスの取引が、諸経営・諸個人の生存を維持する手段としての重要性を高める。「家」小経営は、そのため、「家」内の労働力を最大限に活用して、「家」の没落を回避する行動をとる。「家」経営内で劣位に置かれた女性は、男性家長の指揮のもとで「家」の生き残りのために多様な労働に従事することになる。

●近代的社会集団の形成

こうした「家」を単位とした生存競争は、秩序の流動化をもたらすが、これは個々の「家」経営体にとっては大きな負担となる。例えば、農村では、従来、村で共同利用されてきた山林に対する権利関係が不明瞭になり、盗伐や無断開墾が発生する。こうした行為は、露見しなければ、あるいは結果として成功を収めれば、それを実行した「家」経営体にとっては利得となる。しかし、そうした行為を実行しなかった「家」経営体にとっては既存の利益の侵害である。それぞれの「家」経営体は、まず「一か八か」のチャレンジに乗り出すかどうかという選択を迫られ、かつその帰結としての他の経営体との紛争を乗り越えなくてはいけない。女工を引き抜き合う製糸家や紡績会社も、引き抜きのためにコストをかけなくてはいけないし、他の経営体からの引き抜きを防衛するためにもコストを要する。

日本近代社会の社会集団、例えば農村の大字、中小商工業セクターの同業組合、都市下層の同職集団は、秩序の流動化を一定程度抑制し、それぞれの経営が将来を予測できるようなルールを制定する組織として形成された。それは、結果的に近世の社会集団の系譜をひいていること（例えば、農村の大字の範囲が近世の村の範囲と一致するような場合）があるにしても、集団として国家に対して一定の負担を負い、それによって公認されるような集団ではないという点で、近世的社会集団からの単なる連続とみることはできない。それは、近世身分制的社会集団の解体と秩序の流動化を経て、あらためて結び直された集団である。

●近代的社会集団の特徴と政治の役割

公的な支えをもたない社会集団による秩序は、流動化した社会を部分的に固定することができるだけである。近世の社会集団は、幕藩制国家に対して連帯責任を負っているから、集団内の他のメンバーに大きな損害を与えることは、多かれ少なかれ自己に跳ね返ってくる。そうしたメカニズムを、近代の社会集団はもたない。それを破っても、露見しなければ、あるいは既成事実をつくってしまえば、要するに成功してしまえば認められるような社会集団の規律のもとでは、そうした「一か八か」のチャレンジに乗り出す者が現れることを完全に抑止することはできない。これが、本書で「抜け駆け可能な社会集団」と呼んできたものである。

抜け駆けを防止できないという意味では、近代日本の社会集団は弱い力しかもたないが、一方で、常に抜け駆け可能であるがゆえに、常に相互を監視し合うという性格をもつことになる。日本近代社会では、近世に比べて、諸経営・諸個人の自発的な行動、自己利益の追求、新規事業への挑戦の余地は広まった。このことが、同時に、社会集団も、規律維持のために、内部の監視に頼らざるをえないという結果を生んだのである。

こうした過程で、政治権力は、職業と結び付いた社会集団から切り離され、多様な生活を営む人々の共通の利害を自らの課題とするようになる。その際、共通の利害として認識されたのは、人々が共通してアクセスする先である市場を、いかに円滑に機能させるかということである。このことに力点が置かれるようになり、結果的に社会資本の整備が政治権力の機能として重視されるようになった。

●没落と立身出世

「家」経営体が標準の世界では、「家」の没落や、「家」からの離脱によって、個人が「家」ではない場所で働き、暮らすことは「あるべき生活のあり方」からの逸脱とみなされた。「家」を形成しない都市雑業層に加え、当時「職工」と呼ばれた工場労働者も、そうした「あるべき生活」からみれば周縁的な位置づけしか与えられなかった。「家」経営体の相互競争と相互監視の世界からの上方への離脱＝立身出世は、諸個人にとって一つの希望であったが、現実にはきわめて狭い門戸が開かれていたにすぎなかった。

以上が、本書で描いてきた日本の近代社会のスケッチである。こうした社会を、「活力に満ちた社会」と肯定的にとらえるか、「互いが疑心暗鬼に陥っている不安定な社会」と否定的にとらえるかは、価値判断の問題であって、本書の判断しうるところではない。

二　第一次世界大戦のもたらしたもの

●転換点としての第一次世界大戦

第15章で述べた日露戦後の行き詰まり感が解消されるのは、一九一四（大正三）年の第一次世界大戦の勃発《ぼっぱつ》と、その翌年から始まる大戦景気によってであった。

大戦景気によって、日本の産業構造は、重工業へと大きくシフトし始めた〔橋本 一九八四〕。それによって、近代工業セクターで働く工場労働者の数が増え、賃金も上昇した。「職工」や「雑業」層として括《くく》られていた層の一定部分が、「家」経営体ではなく、主たる稼得者の男性と専業主婦からなる、「家庭」型の性別役割分業家族を形成するようになる〔中川 一九八五、小野沢 二〇一四〕。「家」経営体を標準とする日本近代社会の構造は変わり始めるのである。このような現象が、第一次世界大戦後の日本社会が、「近代」とは区別される「現代」とみなされることもある理由でもある（→序章）。日露戦後の修養主義は、「家」経営体の利害ではなく、個人の「人格」を起点とする社会秩序構想であった。こうした「人格」を起点とし、相互監視ではなく、個人の自律と自覚に依拠する社会集団のあり方が、大戦景気による経済構造の変容という現実的条件を得て、模索されるようになるのである。

大正期の労働者の組織化が修養主義から出発することはすでにみた。労働運動はまもなく修養主義を離れ、マルクス主義をはじめとするさまざまな理論と結び付き、それが労働組合組織の諸潮流を生み出すことになる。しかし、第一次世界大戦前と比して労働者の組織化が進んだ要因として、修養主義に支えられた「人格承認」の要求が、親方‐子分とは異なる労働者集団のあり方を可能にしたことによって、新たな団結の回路が開けたことは確かである。また、労働者の組織化は、労働組合というかたちをとっただけではない。第一次世界大戦後には、企業内で、企業側が積極的に関与して組織される労使協調型の企業内労働者団体も組織された。そうした組織は、「修養」を目標に掲げることが少なくなかった［安田 一九九四］。このような企業内の労働者組織化は、大企業を中心とするものであり、いわば大企業が労働者を囲い込む動きだった。これによって、企業への労働者の定着率も高まってゆく［二村 一九七五］。

農村では、第一次世界大戦後も「家」経営体による小農経営が農業の担い手であったことに変化はなかった。しかし、そこでも農民組合が結成され、団結して地主と対峙する状況が生まれた。小作農どうしのつながりだけではなく、地域単位で、共同の物資購入、共同の農作物販売、そして金融事業を営む産業組合が、農家の組織として定着する［大門 一九八三］。

●二重構造の時代

とはいえ、戦間期の新しい社会集団による組織化は、部分的なものだった。大企業と中小企業の二重構造が形成され、中小企業では過当競争が問題視され続け［由井 一九六四］、労働者も、企業内の労働者組織に組み込まれる大企業の中核的な労働者と、周辺的な労働者および中小企業の労働者との間で格差が生じ、同じ集団として統合することは、かえって困難となった［武田 一九八〇］。

第一次世界大戦までに形成された、競争的で、抜け駆け可能な社会集団のあり方が、その後の日本社会をどこまで規定したのかは、別途検証されなければならない課題である。

■もう少し勉強したい人のために

有馬学『日本の近代四 「国際化」の中の帝国日本 一九〇五〜一九二四』中公文庫、二〇一三年。

本書に続く時代を対象とした概説書。知識人や政治家の言論を素材としながら、一九二〇年代に時代が転換することを強調した点に特徴がある。

武田晴人『日本経済史』有斐閣、二〇一九年。

同じく、第一次世界大戦から一九二〇年代の変化を重視する経済史家による概説書。第四章がその転換の説明にあてられている。

□その他参照文献

大門正克「農民的小商品生産の組織化と農村支配構造——一九二〇年代近畿型地域の小作争議状況との関連で」『日本史研究』二四八号、一九八三年。
小野沢あかね「戦間期の家族と女性」『岩波講座日本歴史一七 近現代三』岩波書店、二〇一四年。
武田晴人「一九二〇年代史研究の方法に関する覚書」『歴史学研究』四八六号、一九八〇年。
中川清『日本の都市下層』勁草書房、一九八五年。

二村一夫「労働者階級の状態と労働運動」『岩波講座日本歴史一八　近代五』岩波書店、一九七五年。

橋本寿朗『大恐慌期の日本資本主義』東京大学出版会、一九八四年。

安田浩『大正デモクラシー史論——大衆民主主義体制への転形と限界』校倉書房、一九九四年。

由井常彦『中小企業政策の史的研究』東洋経済新報社、一九六四年。

あとがき

本書は、私が慶應義塾大学経済学部で担当している科目「社会史」の講義内容をもとに執筆されたものである。経済学部に「社会史」という題目の講義が設置されている例はそれほど多くないと思うが、「経済」という領域の切り取られ方や、その位置づけそれ自体が歴史的に形成されてきたことについて考える機会をもつことは、「経済学」を学ぶ者に少なからぬ意味をもっているというのは、この講義を担当するようになって以後、私の変わらぬ確信であった。

このような「経済学部生向けの社会史」に由来する本書は、それゆえの内容の偏りをもっていることも事実である。例えば、一般に「社会史」と言われたときに思い浮かぶようなトピックのいくつか、例えば消費や生活習慣に関するトピックなどを本書は欠いているだろう。しかし、一方で私は、諸個人が生きてゆくためのモノの生産と流通、つまり一般に「経済」と言われているものについての把握は、歴史を理解するうえで枢要な要素であるとも考えている（今となってはいささか古風な考え方かもしれない）。換言すれば、「経済学部生向けの社会史」は、経済学部生だけに意味があるわけではないだろうと思っている。多くの先行研究に学びつつ、本書を世に問う所以である。

もちろん、そうした性格規定をしても、単に私の勉強不足ゆえに言及できなかった論点はある。例を二つほど挙げることをお許しいただきたい。

一つは、本書が、日本近代のエスニックな多様性についてふれていないことである。属領・植民地は、そこに暮らす人々の結び付きのあり方が日本本土と異なる以上、別途に扱われるべき課題であって、中途半端に本書で扱いたくはないという理由は序章に述べた通りであるにしても、例えば開港場を生活の拠点とした欧米・アジア諸地域出身の人々の活動は、近代日本の社会的なつながりの一環をなしていた。また、「社会問題」の発見は、『日本之下層社会』の著者である横山源之助が『内地雑居後之日本』の著者でもあることからも明らかなように、条約改正による「内地開放」、さらにはナショナリズムと密接に結び付いていた。

もう一つは、地域と軍隊というトピックである。軍隊が人々の生活の場に拠点をもつこと、また人々が徴兵を通じて軍隊の中で生活すること、こうした経験の意味をめぐる研究は、二一世紀の日本近・現代史研究において著しく蓄積が進んだ分野であるにもかかわらず、私の不勉強ゆえに本書に取り込むことができなかった。

本書が成るにあたって、毎回のリアクションペーパーなどを通じて、私には考えもつかないようなアイディアを提示してくれたり、あるいは誤謬や論理の飛躍を訂正してくれたりした各年度の受講生のみなさんにお礼を申し上げたい。今泉飛鳥、小林延人、高嶋修一、韓載香、満薗勇、松田忍の各氏は、原稿を通読していただき、研究会を開いて議論してくださった。また、長尾宗典氏には、メディア史の章について貴重なご助言を賜った。

有斐閣の岩田拓也氏、長谷川絵里氏には、共著『大人のための社会科』に引き続き、編集の労をお執りいただいた。丁寧な編集作業に深い感謝を申し上げたい。

二〇二〇年度前期の「社会史」講義は、COVID-19パンデミックの下でオンライン形態となった。加えて、通信データ量も少なくする必要があったため、講義内容の相当部分を文章化したことが、本書の第一次原稿ができあがった直接の契機であった。外出もままならないなか、毎週の配信に合わせテキストを書き続ける生活は予想以上に苦しかった。「リアルタイムで伝えられないなら文章にしてしまえ」という単純な発想であったが、それは文章を書くことの本義に立ち返る作業であったようにも思う。もし、そういう方がどこかにいらっしゃるならば、本書を必要とする方のところに、時と場所とを超えて、本書が届くことを祈っている。

二〇二一年一二月一一日

松沢裕作

● さ　行

● た　行

● な　行

● は　行

● ま　行

● や　行

● ら　行

人名索引

● は　行

● ま　行

● や　行

● わ　行

事項索引

●著者紹介

松沢裕作（まつざわ　ゆうさく）

1976年，東京都に生まれる。

1999年，東京大学文学部卒業。2002年同大学院人文社会系研究科博士課程中途退学。東京大学史料編纂所助教，専修大学経済学部准教授，慶應義塾大学経済学部准教授を経て，2020年より現職。

現　在，慶應義塾大学経済学部教授。

専門は，日本近代史。

著作に，『明治地方自治体制の起源』（東京大学出版会，2009年），『重野安繹と久米邦武』（山川出版社，2012年），『町村合併から生まれた日本近代』（講談社選書メチエ，2013年），『自由民権運動』（岩波新書，2016年），『生きづらい明治社会』（岩波ジュニア新書，2018年），『大人のための社会科』（共著，有斐閣，2017年），『森林と権力の比較史』（編著，勉誠出版，2019年），ほか。

日本近代社会史《にほんきんだいしゃかいし》

——社会集団《しゃかいしゅうだん》と市場《しじょう》から読《よ》み解《と》く　1868–1914

A Social History of Modern Japan:
Social Groups and a Market Economy 1868–1914

2022年4月10日　初版第1刷発行
2022年9月30日　初版第3刷発行

著　者　松　沢　裕　作
発行者　江　草　貞　治
発行所　株式会社　有　斐　閣
郵便番号 101-0051
東京都千代田区神田神保町2-17
http://www.yuhikaku.co.jp/

印刷・株式会社理想社／製本・大口製本印刷株式会社

ISBN 978-4-641-17475-7